20 世纪中国图书馆学文库·31

现代西方主要
图书分类法评述

刘国钧 著

國家圖書館出版社

本书据吉林人民出版社 1980 年 10 月第 1 版排印

目　　录

前　言

　　这是六十年代初期，我系教授刘国钧先生开设的图书馆学专题讲授的讲稿，经过修改补充，于 1964 年交北京图书馆编辑出版。后因"文化革命"而中止。

　　"四人帮"被粉碎后，在党中央的正确领导下，全国科学教育文化事业得到很大的发展。1978 年春，吉林省《社会科学战线》创刊，要求将刘先生的稿子分期刊登，需索甚殷。我们考虑到这是十多年前写成的稿子。就这十多年间，外间世界科学技术飞跃发展，反映到以知识分类为基础的图书分类法，变化也比较大。以杜威十进分类法而言，当时作者只介绍到它的第十六版，现已出到第十九版。其它各法，除美国克特的展开式分类法和英国布朗的主题分类法外，都分别有不同程度的一次或多次的修订补充。这部稿子的材料，没能够反映最近十余年的成果，是不足之处。但刘先生已年逾八旬，长期养病在家，实在没有精力重新补充整理。同时，我们又考虑到，这部稿子所论述到有关分类法的思想体系、大类结构、基本类列、编制技术、具体应用等等方面的问题，都是一些属于基本知识的东西，可供参考阅读，增进知识。因此，我们决定把原稿交出发表，除必要的技术处理外，基本上未作改动。这样，可以让年迈多病的刘国钧先生在我国科学事业的明媚春光中，亲眼看到自己的科研成果得以早日公诸于世。也可算是我们尊重老一辈科学家的辛勤劳动的一点表示。

全稿约十六万字。分别介绍了西方七部主要分类法：即杜威十进分类法，克特展开式分类法，美国国会图书馆分类法，国际十进分类法（刘译通用十进分类法），英国布朗主题分类法，印度阮冈纳赞冒号分类法和布立斯书目分类法。对于这些分类法，作者采用了逐个介绍和评述的办法。由于作者本人早年编纂过《中国图书分类法》，解放后又参加过《中小型图书馆分类法》和1964年出版的《中国图书馆图书分类法》的编纂工作，在分类法的研究与实践上，有较深的素养和造诣。他在博览西方许多有关分类学的图书文献之后，写成此稿，尤以对各分类法在编制技术上，颇有独到的见解，对各分类法在具体应用上，也有较深刻的体会。

现在《社会科学战线》把它列入该刊的丛书，单行问世。这对于我国图书馆情报学界开展对图书资料分类法的研究与编制，在"洋为中用"的方针指导下，可能会起到它应有的作用。

北京大学图书馆学系
一九八〇年春

写在书的前面

　　这是一本资料性的书。其目的在于为我国关心图书分类法的人提供一些研究和批判的事实资料。书里比较详细地评介了十九世纪七十年代以后在西方资本主义国家中产生的并且比较流行的几种综合性(普通)图书分类法。对于这些分类法,都分别首先介绍它的发展经过,然后分析一下它的基本思想、类表结构和使用方法,并予以初步的评论和揭露。希望这样能够帮助读者如实地认清它们的面貌和本质。

　　书中论及的分类法计有七种,大部分是美英两国的产物,其中冒号图书分类法虽然产生于印度,但也是在美英图书分类法的影响下产生的,并且也是在西方图书馆界发生较大影响的。它们都是十九世纪后期以来资产阶级图书馆事业发展的结果,是为资产阶级图书馆事业服务的工具。这是我们在一开始时就必须认清的。

　　我们现在正在积极地建设我国的社会主义图书馆事业。我们需要一部以马克思列宁主义为指导思想,能够反映现代科学、技术和文化水平,并且符合我国当前图书馆工作要求和国家建设要求,能够为阶级斗争、生产斗争和科学实验三大革命运动服务的图书分类法。我们必须在总结我国图书馆在图书分类方面的经验的基础上进行这项工作。近年来由于科学技术情报工作的迅速发展,对这个问题的解决尤其感到迫切。在解决这个问题的过程中,我们也可以适当地借鉴其它国家在这方面的经验和教训。目前，论述外国图书分类法的中文专著还很少。因此，不揣冒昧，试写了这本书。

这本书的评述对象只限于西方图书馆界现在流行的或曾经发生较大影响的几种普通图书分类法，并简略地叙述了一下它们产生的背景，以及当前的发展趋势。但没有讨论全部西方图书分类理论的发展。对只有理论著作而没有编制实用分类表的人，如谢尔斯、赫尔姆、希拉、麦特考夫等人的学说，只在有关地方略予引用，没有全面地分析评介。

我对书中谈到的这些分类法的总的看法可以归纳为下面的几句话。它们都是资产阶级思想的产物，都是为资产阶级的利益服务的。它们的体系是资产阶级世界观的体现，是各个编者对当时的社会、政治、科学、技术、文化水平的反应。在科学上是不完全符合客观真理的。尽管在某些点滴经验上，在处理图书分类表的技术问题上，它们也有些可以供我们借鉴的地方，但是它们的理论，它们的体系，没有一个能为社会主义图书馆所接受。我们所以要研究它们，不是为了追随它们，而是为了了解情况，批判它们，利用它们可资利用的地方，为我国社会主义图书分类法服务。

当然，我对它们的认识是很肤浅的。我的叙述可能很不清楚，很不完备。我的评论更可能很不深入，很不正确。所有这些缺点是同我的理论水平分不开的。希望读者批评指教。

刘国钧
一九六四年八月于北京大学

第一章 导　　言

现代欧美资产阶级图书馆界通行的或产生影响的综合性（普通）图书分类法，有下列七种：

分类法译名	编纂人	原名	简称	最初发表年份
1. 十进制图书分类法	麦维尔·杜威及编辑部	Decimal Classification	DC 或 DDC	1876
2. 展开制图书分类法	查尔士·阿密·克特	Expansive Classification	EC	1891
3. 美国国会图书馆图书分类法	国会图书馆编目部	Library of Congress Classification	LC	1901
4. 通用十进制图书分类法（国际十进分类法）	保尔·奥特勒及编辑部	Universal decimal Classification	UDC	1905
5. 主题图书分类法	詹姆士·德夫·布朗	Subject Classification	SC	1906
6. 冒号制图书分类法	希雅里·拉马立塔·阮冈纳赞	Colon Classification	CC	1933
7. 书目用图书分类法	亨利·厄维林·布立斯	Bibliographic Classification	BC	1935

此外还有一些只有一两个图书馆使用的普通分类法，以及数以百计的专业图书分类法。但是对一般图书馆影响不大，所以在本书内暂不研究它们。

一

这些分类法都是十九世纪七十年代以后陆续产生的。DC 产生最早，其后是 EC。二十世纪开始后，在 EC 的基础上产生了 LC；在 DC 的基础上产生了 UDC。1906 年出现了 SC，提出了编制分类法的一种新理论。1933 年 CC 初次发表，1935 年 BC 初次发表，都可认为是把 SC 所创始的原则推进了一步。

这些图书分类法之中，流行最广、影响最大的是 DC。UDC 则于近年来在各国文献工作界，也就是科学技术情报工作方面，有很大势力。LC 在美国除国会图书馆本身及一些政府机关图书馆使用外，在科技图书馆和高等学校图书馆内，近年也逐渐得到采用。SC 在英国本有一定数量公共图书馆采用它，但近年则在逐渐减少。BC 新出，流行不广，但在英国、美国以及澳大利亚有一些政府机关及高等学校的图书馆采用。CC 作为一种实践分类工具，很少有人使用，但作为它所代表的分类学说的具体例证，则在目前有很大影响。至于 EC，近年已几乎没有人使用而成为一种历史上的分类法了。

UDC 和 LC 一开始就是集体的创作，一直到现在都还有一个机构在负责着它们的修订和发展。其余五种分类法本来都是个人的创作。EC 在编者去世以后就停止发展。SC 的编者去世后，由他的内侄继续出了两版。DC 的编者在这个分类法得到通行之后，很早就组织了一个机构来担负经常修订、发展、维持的责任①。所以直到目前还很活跃。BC 则在编者去世后由他生前的朋友组织了一个委员会来继续修订和扩充。CC 的编者还健在②,还是一位积极活动家;他有一班朋友和学生,协助他补充修订。这就是 DC、UDC、LC、CC 和 BC 为什么比 EC 和 SC 更能持久,不至于成为人死法也死的原因之一。这也说明,一种分类法如果没有一个经常负责的集体来编订,迟早是要丧失它的活力的。

这些分类法不仅在欧美各国图书馆流行,而且也受到我国图书馆界的注意。DC、EC、LC 和 SC 在二十世纪初年就陆续传入我国,UDC、CC 和 BC 也在解放后日渐为我国图书馆界所注意。这就是我们为什么要研究它们、理解它们和批判它们的原因之一。

这七种分类法,从其体系结构看,可以归纳为三个系统:(1)十进法系统,即 DC 和 UDC;(2)展开法系统,即 EC、LC 和 BC;(3)主题法系统,即 SC 和 CC。

但是从它们所采取的编制方式看来,则又可另外分为三类:(1)DC、EC 和 LC 都把所有类目组织成一个等级系统,并且采取尽量列举所有类目的方式,因而可称为列举式的(或枚举的)等级体系。(2)SC 和 CC 则认为详尽无遗地列举类目是不可能的,也是不必要的;它们采取了用简单概念组成复合类目的方式,在类表里只分别列出不同范畴的单独概念,用组配方法来表达具体类目,因而可称为组配式的分面体系。(3)UDC 和 BC 则在列举式的等级类表里大量运用了组配式的分面原则;它们是介乎列举和组配之间的一种折衷形式。

---

① 1930 年国会馆开始在其铅印目录卡片上加印 DC 分类号,成立了编目部 DC 分类法组,以后又承担了修订的主要责任。

② 已在 1972 年去世——1973 年补注。

二

西方现代图书分类法,是在过去历史的基础上,适应时代的要求而产生的。

这些分类法的出现,标志着西方图书分类法的一个新时代。它们是资产阶级图书馆事业高度发展的结果。十九世纪是资本主义极大发展并进入帝国主义的时代。资产阶级为了更大地发展生产,为了培养有一定限度的知识的工人以便替他们创造更大的利润,对于群众教育曾予以较大的注意。一方面推广教育事业,给他们以必要的知识;另一方面则极力灌输资产阶级思想,麻痹他们的斗争意志,使他们甘心忍受剥削与压迫,以便维持资产阶级的统治。图书馆事业在这样的形势之下得到了空前的发展。它被认为是社会教育的主要力量。DC 初次发表的那一年,正是美国独立的一百周年,也正是美国南北战争结束不久,资本主义积极发展而进入帝国主义的时代。那一年,美国图书馆协会正式成立。美国图书馆协会的成立,标志着资产阶级图书馆事业发展高潮的到来。在它成立的前后,在资本主义国家内,特别是在美国,公共图书馆得到迅速发展。伴随着它而来的是高等学校图书馆的改革和专门图书馆及中小学图书馆的大量产生。资产阶级图书馆事业达到了前所未有的高峰。图书馆工作的内容和方法,发生了根本的变化。这就要求产生一种更有效的、更加便于开展图书馆工作的图书分类法,来处理图书和推进图书馆事业,以协助推动资本主义社会的进一步发展。

在这种要求下,这些分类法就应运而生了。它们一方面总结了并发展了过去时期图书分类法的成就,另一方面吸取了当时哲学、科学、技术各方面的新学说、新发明、新成就,而建立了新的类

6

目体系。它们还适应着图书馆工作内容和工作方法的变化,而创造了许多新的技术。这就使它们同以前的分类法大不相同。这些新分类法,尽管在内容上并不一致,甚至分歧很大,但总的说来,都是为了适应当时经济、政治、文化各方面的要求而产生的,是符合当时图书馆事业的要求的。它们反映了资产阶级的世界观,为资产阶级利益服务。

图书分类法是从人们管理图书、使用图书的实践中产生的。大约自从人类知道搜集、保存和利用图书以来,人们不久就懂得,要善于管理和充分利用图书,必须把它们分门别类地组织起来。也就是说,必须对图书加以分类。自从人们总结出了这一条经验以后,管理图书的人们就一直在摸索一种组织图书的最好方法:用什么标准来分门别类,以及按照什么原则把这些门类组织起来,并应用到实践中去。这样就产生了各种各样的分类理论和分类表。这个摸索的过程,就是图书分类法发展的过程。

图书分类法在其发展过程中受到许多因素的影响。这些因素可以归纳为三个方面。

第一,从根本上说来,它首先受到社会性质的制约。在一定性质的社会里,不同的社会阶级对一切事物都有一个总的看法——一定的世界观。这个世界观也必然在对图书的看法中体现出来。在一定历史时期占统治地位的图书分类法,必然是那个时期统治阶级的世界观的体现。这就是图书分类法的阶级性。因此,社会性质的变化必然引起图书分类法的变化。这就是为什么不同的社会历史阶段必然有不同性质的图书分类体系的根本原因。十九世纪中叶以后所产生的图书分类法,是同以前以中世纪思想为指导的图书分类体系有着本质区别的,而且是随着资本主义社会的发展而变化的。

第二,图书分类法还直接受到学术发展的影响。随着社会的发展,人们的知识,也就是人们在阶级斗争、生产斗争和科学实验中对周围客观事物以及对自己的主观活动的认识,越来越深入。学术的内容越来越丰富,门类越来越繁多。这就深刻地影响到图书分类。学术的内容浅、门类少,图书分类也必然简单。随着学术分化的加剧,图书分类也就必然日益复杂。学术分化是促使图书分类不断变化的直接原因。十九世纪是西方科学技术大发展的时代。到了十九世纪中叶,旧有的图书分类体系已经不能适应当时学术的水平,因而出现了新的图书分类法。十九世纪后半期到二十世纪初期,科学技术的分化(专门化)更为迅速,因而图书分类法的发展也就更快。第二次世界大战结束以后,科学技术更以空前速度飞跃发展。一方面,原有各门科学的分化更加深入,分支科学日益增加。另一方面,许多学科又互相影响、互相交叉、互相渗透、互相结合而产生了许多所谓边缘科学。新问题、新学科不断出现。出版物的类型日益增加。科学研究工作者利用图书资料的方式也打破了传统学科的界限,而变得日益专题化。这些因素互相激荡,使得以传统学科为基础的图书分类法日益不能适应读者用书的要求。这就是为什么本世纪四十年代以来新图书分类法经常产生、旧有的分类法不断修订,而问题仍没有彻底解决的原因。

第三,图书分类还受到图书本身发展的影响。图书是知识的记录。随着知识的发展,不仅图书内容日益多样化,而且随着生产力的发展,图书的生产方式方法也越来越进步。图书生产量越来越大;图书的著作形式、发表方式和出版物类型,也越来越多式多样。与此同时,由于科学研究的日益专门化,读者使用图书时也日益要求集中关于细小的、狭窄的专门问题的各种资料,以节约查找的时间。图书分类法既然要为图书的管理和使用服务,就不能不考虑到这些因素。因而图书分类法也就不能不随着图书本身的发展而发生变化。

社会性质的改变和人们世界观的变化,学术的分化和图书本身的发展——这些因素有时单独地、有时相互交织地影响着图书分类法的发展进程。世界观是图书类目体系的根本组织原则,或者说指导思想;学术门类提供类目组织的材料;图书本身的发展,是图书分类法实践不得不考虑的条件。

三

现代图书分类法的类目及其体系有三个来源:

(1)哲学上的知识分类体系。这主要是世界观在知识组织上的体现,也是一定社会阶段的政治水平和学术水平的反映。哲学家经常依据一定的哲学观点,把他同时代的全部知识或全部科学加以划分,并且按照一定的联系和关系组成一个体系。这种知识分类一直是哲学上的一个课题。不同时期的哲学家,往往有不同的知识综合和组织。由于他们是按一定的哲学观点进行的,因而知识分类的体系就体现出一定的世界观。西方哲学家中,从古到今曾经产生数以百计的知识分类体系。编制图书分类法的人,往往采用这些体系之一作为基础。因此知识分类或科学分类就成为图书分类及其体系的来源之一。其中对现代资产阶级图书分类有巨大影响的,是古希腊的亚里斯多德,十七世纪的培根和十九世纪的孔德。

(2)教学上的学科划分。一定的社会历史时期,都有当时的人认为必须学习的知识,认为必须交给自己的接班人的知识。为了便于学习和研究,科学家和教育家们往往把这些知识按其对象、方法或用途,以及其深浅难易的程度,组织成各门不同的学科或学程。各级学校就按这些学科或学程进行教学。这也是一种知识分类。但是这种分类是按实际的学习条件和需要逐渐形成的。当时社会上认为不值得学习的知识,就不包括在这些"学"或"科学"的范围之内。这种分类,一般地说,没有总的统一的原则,也没有一个总的系统。每门学科或学程,被认为是一个单元、一个类,有一定的领域。在很长一个时期内,这些学科被认为是彼此独立、界限分明的。它们提供了研究的领域,写作的范围和内容,也成为人们查寻图书的一种经常途径。因此,图书也可以按照学科的分野加以区分。这样,学术的分科往往就为图书分类提供了素材:把所有学科组织成一定的系统,基本上可以成为一种图书分类法。现代图书分类法的类目绝大部分同高等学校的学科或学程相同,其原因就在于此。

可是,另一方面,人们写书也不绝对遵守学科的范围。而且由于学术的发展、分化和相互渗透、相互利用,学科的领域也常常有所交叉、重叠。特别是现代科学研究和技术实践所需要的知识常常不受传统的学科分野的约束,而往往综合几门学科成为一门新的研究、新的学科。还有一些知识,没有包括在公认的学术范围之内,但是有批判或论述它的图书。因此,图书分类又不能完全以学科领域为标准。现代图书分类法的一大难题,就是要解决这些实际要求同传统学科之间的矛盾。

(3)现代图书分类的第三个来源是过去时代的图书分类体系。这里不仅包括着过去时代图书馆或藏书家所用的分类体系,也包括着历代目录编纂者,如目录学家、各门科学专家、出版机构以及书商所用的分类体系。这些分类法运用着各种不同的分类标准,各自有其特殊的目的和用途,内容也千差万别。但有一个共同的特点,就是不得不照顾学术发展的情况、图书发展的实际和读者用书的方式,以便于管理和利用图书,满足需用图书的人的要求。他们所创立的类目和体系往往具有巨大的实用价值。因此,后来的图书分类学家,通常总是在吸取前人成果的基础上来构造自己的分类体系。因此,以前的图书分类体系,也就成为后来的分类法的来源之一。

哲学上的知识体系、教育上学科的划分和发展以及过去时代的图书分类体系,构成任何时期图书分类法的实际环境,是任何时期图书分类法的材料来源。任何时期的图书分类法,总是为了更好管理图书和使用图书的目的,在当时社会性质、指导思想和学术发展水平的制约下,结合当时图书发展的实际,吸取以前哲学上的知识分类、教育上的学科组织和已有的图书分类法的成果,而发展出来的。

因此,在研究一种图书分类法的时候,必须加以分析。首先要研究它的实质,即它的类目和体系的理论基础、它的指导思想、它的阶级立场和政治、哲学观点,以及它所要解决的主要问题。这些都是图书分类法最主要、最本质的东西。再进而分析它的继承和创造关系。它因袭了一些什么,创造了一些什么,解决了一些什么问题,产生了一些什么影响,找出它的来源和它的特点。这样才能认识它的历史地位。也要研究它的编制技术:它是怎样来实现它的意图的。它使用了一些什么手段,怎样来编排类目次序,使用了什么标记来表达类目,如何运用类表处理图书,有一些什么帮助运用类表的方法。分类法技术不是分类法的本质,但是它的重要方面,影响着它的实用价值。当然还要检阅一下它的实际效果:它能不能解决管理和使用图书的问题,是不是符合当时的政治、科学水平,会不会满足读者的需要、方便他们的学习与研究。经过这样的分析研究,才能予以恰当的评价。当然,这样分析研究不是很容易的,但却是很重要的。这本书还不能做到这一点,但是企图朝这方向去做。

第二章　杜威十进制图书分类法

在外国通行的图书分类法中,出现最早、流行最广、影响最大的是美国图书馆学家麦维尔·杜威(Melvil Dawey,1851—1931)所创的十进制图书分类法。十进制图书分类法(原名 Decimal classification,简称 DC 或 DDC,比较正确的译名应是"小数制图书分类法"),是十九世纪七十年代美国图书馆运动的产物,适应了当时美国图书馆事业的需要,对美国图书馆事业的发展有很大的推动作用。它在图书分类表编制方法上的创造,对以后世界各国图书分类法的发展也有相当的影响。目前它不仅在美国有极广大的市场,而且在亚洲、欧洲、非洲、拉丁美洲和大洋洲都相当流行。尽管它的指导思想不对头,它的类目体系和技术措施,即便在资本主义国家内,也曾遭到不断的批评,但它仍然是外国图书分类法史上一部势力最大的分类法。

一、发展经过

十进分类法奠基于 1873 年,第一次发表于 1876 年。当 1872 年杜威还是纽约州阿姆赫斯特学院的大学生的时候,鉴于该校图书馆藏书的紊乱,就向学院当局提出了旨在改进藏书组织和目录组织的图书分类法改革建议。第二年他毕业后被留在学校图书馆内担任新分类法的编制工作。经过三年的实地试验,于1876年出版了分类法的第一版,名为《图书馆图书小册排架编目适用的分类法和主题索引》。

在今天看来,这是一本很小的书:类表只有十二页,加上《导言》和索引,总共才四十二页。类表只分三级、一千类,用三位数字作号码。但是它却具有许多特点。

第一,它在图书分类史上第一次用号码代表类目,创造了相关排列法,统一了图书排架和目录组织的次序。

第二,它第一次使用了小数制的层累(或等级)式分类号码。

第三,创造了一种新式的索引,后来称之为相关主题索引。

用号码表示类名,采用小数制标记,编制相关索引——这些,在今天看来,都非常简单,非常自然,几乎成了现代图书分类法的普遍现象。可是在上世纪七十年代,却都是创举。

由于这些在当时独具的特点,DC第一版问世以后,尽管当时有人批评它类目太细,不便使用,但越来越多的图书馆还是采用了它。这就鼓励杜威于1885年出版了第二版。这一版的特点是:(1)调整了八十多个类目;(2)加深了类的级数,深入细分;(3)采用小圆点作为分隔标记;(4)制定了通用的形式复分表,因而分类法中的组配原则有了萌芽;(5)加详了索引,于许多标目下面注明它的大类或如杜威所说的"方面",因而区别了、同时也就集中了一个主题的各个方面,并初次称之为"相关索引";(6)将书名改为《十进分类法及相关索引》,突出地表达了这个体系的特点。这一版奠定了DC以后的体系。八十多年来,DC增订了十几次,但是它的体系,直到1951年,没有改动过。

1922年,杜威委托普拉西湖俱乐部教育基金会组织一个常设委员会,永远负责DC的编订和出版工作,保证了DC的不断修订。这期间,杜威和《通用十进分类法》编辑部取得协议,使两个十进分类法的前三级类目取得一致,并把通用十进分类法所增加的许多扩充符号改用数字标记,吸收到自己体系中来,而于 1924 年出版了第十二版。但是这种协作没有能够继续下去。1931 年杜威去世,第二年出了第十三版。1942 年出版了第十四版,是 DC 最详细的一版,有 31,444 个类目和大约 63,000 条索引。

1951 年第十五版的出版,使 DC 初次发生了较大变化。它的类目体系自第二版以后虽然愈分愈细,但是结构始终没有改变。而十九世纪后期及二十世纪前半期科学技术的发展,社会经济政治的变化,已使得它的体系越来越不能符合实际的要求。过时的类目体系,加上名词陈旧,类号太长,以及各类内容展开的不平衡,都在实际工作中造成很大的不便,引起许多责难。第十五版的编者们采取了大刀阔斧加以删改的办法。(1)将类目关系大加调整,删去旧类,增加新类,改动位置,共约一千几百处,企图使之尽可能符合现代科学的看法。(2)类名也采用了现代化的名词。(3)使各类展开的程度大致均匀。(4)同时,大加简化,一般只分到五级,删去以下的复分和认为无书的类目,只剩下 4,688 类。(5)大大缩短了类号,并且限制了复分号的使用。(6)大大削减了索引项,只保存八千多条。(7)书名也改为《杜威十进分类法》。这就使得这一版成为一个实际上新的分类法。

从类目体系看,它比原书有较大的改进。但是跟图书馆的实践发生了矛盾。第一,它大量更动类目位置,虽然取得了基本符合科学要求的好处,却给已经采用这个分类法的图书馆,特别是藏书丰富的大图书馆,带来了大批改号的困难。第二,它的简略分类既放弃了杜威以来分类宜详的传统,也不合乎读者用书的要求。第三,杜威一贯主张他的分类法是既可用于排架、也可用于编制分类目录的,而第十五版编者则认为分类法只是为了图书排架,这就使得那些用以编分类目录的图书馆感到无所适从。第四,索引的大规模压缩,使得分类工作者对许多细小的、专门的主题和可以几属的主题不知道应归入什么类。因此,这一版问世以后,便遭到了激烈的反对。

1958 年出版了第十六版。这一版将第十五版所作的改动,移回到第十四版原号的有 528 处,但在其它地方又作了一些新的改动。和以前两版相比,总共改动了 1,603 处。除去移回第十四版的以外,仍然有 1,015 处新的改动。总的说来,又是一次大的变动。但是编者声明以后将把改号的事减至最低限度,以便图书馆能维持原来类号的完整。与此同时,编者们恢复了比较细分的方针。许多类都部分地恢复了细目。全表计有 17,928 个类目。

目前,第十七版已在编制之中,不久即可问世。

它还出有专供小型图书馆之用的简表,现已出至第七版。

为了帮助图书馆分类员使用这个分类法,美国国会图书馆于 1930 年设立了十进分类法组,在它出版的一部分目录卡片上添印 DC 号码。自 1934 年起定期编印有《关于十进分类法使用法的说明和决定》。在此基础上,1961 年,DC 编辑部出版了《DC 使用方法指导书》专书。

这就是 DC 发展的简单的经过。

二、基本原则

杜威关于图书分类的思想主要表现在他为《十进分类法及相关索引》一书历次版本所写的《导言》里①。早在第一版中,他就宣称:他不是追求什么理论上完整的体系,而只是从实用的观点来设法解决一个实际的问题。在以后各版本中他一直重复这一观点,而以第十二版的《导言》最为详备。这是他去世前最后的一篇,以

---

① 本文所引杜威的话,除另有注明者外,都根据第十六版的杜威原著,不一一注出页码。

后各版,除第十五版本外,都曾经重印出来。可见,实用就是 DC 的基本出发点。

(一)DC 所提出的基本问题

当时美国图书馆事业正急剧发展,图书馆藏书日益增加,读者人数也日益增长,读者用书方式也由于科学技术的迅速专门化而日益趋向搜集专门问题的资料。当时按书型、颜色或登录号排列图书的固定排架法以及书本式的分类目录,远远不足以适应新兴的要求。杜威针对这种情况,提出当时"最主要的事情是找出这样的一种方法,要像一般图书后面的索引能迅速而准确地指出一本已经装订的书的页数那样,能以轻而易举地类分、排列并指出书架上的图书、小册子,目录里的卡片,剪贴的零星资料和札记,以及对这些文件的称引和任何形式的文字资料"。他认为要解决这个问题,第一要找出一种新的排架方法来代替固定排架法,第二要找出一种标记方法以便读者可以找到其所需的主题并按主题找到架上的图书,换句话说,就是要寻找一种便于按主题排列图书和检索图书的方法。这就是 DC 所要解决的课题。

(二)相关排列法和小数标记法

DC 解决这个问题的方法,如杜威自己所说,"就是相关排列法加小数标记法"。概括地说,这就是把互相类似的主题依据其相互关系和联系,用小数数字编号的方法,类集起来,然后依据书中主题所应得的号码排列图书和检索图书。"利用了相关排列和小数类号,我们就使我们的简单的阿拉伯数字既能够说出每本书或每本小册是什么,还能够同时说出它们在什么地方"。这样,他认为就可以解决他提出的问题:"这个困难问题是利用人所知道的最简单的符号而不是用什么别的标记符号来解决的,即利用阿拉伯数字的通常算术数值,并在它们的无与伦比的简单性上面,加

16

上许多实际的助记方法来解决的。"可见，杜威认为，整个问题的解决就在于用号码来代表图书主题，即类目。他的创造就是用小数作为图书按主题排列的标记。

图书一经分类就获得一个类号。这个类号既可表示图书的主题内容和各种主题之间的关系，也可用于图书本身的排架，还可用以组织目录和排列关于该书的其它记录，如借出图书记录等等。因此，可以利用这个类号到书架上找书，到目录里查卡片，到各种记录里去找关于该书的记录。这就通过分类标记把目录组织同图书排架统一了起来。检索的关键在于类号。因此，杜威就把他的小数标记法视为"整个类表的关键"，并以此来为他的分类法命名。

小数标记法既可以按数值来排列先后，又可以随着类的深入细分增加或延长号码，而不致改动原有类号。这种制度一向被人认为：(1)易懂易用；(2)可以世界通行，不受语文限制；(3)可以无限制地扩充和延伸；(4)由于等级清楚，可以表示类目的亲属关系，远近分明，便于搜集资料。DC后来所以受到图书馆的欢迎，不能不认为这是一个很大的原因。

但是人们怎样知道什么主题具有什么类号呢？分类表不能帮助人们解决这个问题。因为在分类表里所有主题都是按系统，也就是按类号排列的，而人们所不知道的恰恰正是这一点。因此，必须有一种从主题查出类号的工具。这个工具就是DC分类表后面的相关主题索引。

索引是按各个主题名称的字顺排列起来的一个表。每一主题后面，都注明它的类号。查看索引就可以知道主题的类号，知道类号就可以进行分类和检索。

这样，把图书的主题加以分类，给予每个主题一个类号，通过索引查出类号，利用类号进行图书的分类和检索——这就是杜威解决他所提出的问题的办法。

(三)DC 的体系

根据以上所说,可见 DC 是由两个互相关联的部分组织起来的一个完整系统。杜威自己说:"这是个什么体系呢? 一个主题分类表加上一个用数字或字母编制起来的并且查起来紧凑、准确而迅速的相关索引——这就是它的最主要的特征;除此以外,任何东西都不过是用各种辅助方法来运用这个计划而已。任何带有相关索引的主题分类表,只要索引的项目既能像普通的索引那样指出图书,又能同时指出书架、卡片、剪贴材料或其它任何文字资料的位置,都是这个体系的一种形式。"

分类表和主题索引,相辅相成,缺一不可。

杜威非常重视他的相关主题索引,认为它是"这个体系的最重要的特征"。他甚至把索引当作体系的主体。他在第二版的《导言》里曾说,这个体系"就是相关索引加上主题分类表"。后来才改为"主题分类表加上……相关索引"。他还一直把类表叫做索引的"主要补充物"。这当然是本末倒置。这正是由于杜威把分类法仅仅看作单纯的检索主题的工具的缘故。也正是由于这一点,杜威就进而把分类目录和主题目录(字顺主题目录)看成成分相同而仅在组织形式上不同的东西,造成对分类法和标题法的看法上的很大混乱。

由此可见,这个体系的基本精神,就在于创造了一种方法,能够按照图书主题之间的关系来决定图书排列(排架、排目录等)的相对位置并从而提供一种检索手段。分类表规定各个主题和图书的位置;相关索引提供检索主题和图书的工具;两者通过类号紧密结合起来,就是 DC 的体系。至于所用的小数标记不过是达到这个目的的一种手段——"辅助方法"而已。有些人因为杜威以"十进分类法"为名,就说他的体系是"十进制",显然是不符合杜威原意的。

(四)实际效用原则

在安排主题分类表的时候,杜威的指导思想是实用主义。他非常重视实际效用。他说:"实际的效用和经济是这个体系的关键;任何理论上的完整,如果会妨碍实用或者增加(工作)费用,就不许它来影响这个表。"又说:"无论在什么地方,哲学上的理论和正确性都让位给实际的效用……理论上的和谐性和精确性不止一次地为实际需要而牺牲了。"可见,实用决定一切。

什么是实际的效用呢? 他说:"……实际的效用不要求我们遵从这个人或那个人的思想,而只要求性质相同的图书永远集中在同一地方;而且有办法很容易地知道那个地方在哪里。……如果这一点做到了,一个好分类法的一切条件就都满足了。如果没做到,那它就是失败了。因为任何分类法的真正考验就在于它能否给使用它的人以帮助。"

杜威从这一点出发,否定了以前以哲学原则为根据的各种图书分类法,并进而肯定了自己的体系。他说,"虽然人们早已承认(图书)分类的重要性,可是已往提出来的那些哲学上的体系是如此地难以充分理解和应用,以致一千人中没有一个能够实际利用它。十进分类法的简单性,尤其是它的相关索引,却使得这项工作容易十倍了。"

为什么容易呢? 因为十进分类法可以使关于任何同一个主题的图书都永远集中在一处,而且"只要实际可行,就这样来安排类目,使每个主题的前后都有与之极相类似的其它主题。""不仅关于所要寻找的主题的所有图书都在一处,而且在它的前后还有与之极相似的主题,而这些主题的前后又尽可能地有与之相似的其它主题。"这样,就把无数主题都联系起来,查找图书资料就可以由此及彼了。但是,杜威没有说出,这种"相似"是什么样的内容。也没有说出,当一个主题在几个方面同几个不同的主题都

"相似"的时候,凭什么标准来决定它和一些主题在一起(即组成一个类)而不和另外一些主题在一起。

换句话说,杜威没有论证他所据以组成类目体系的分类标准。实际上,他只是接受了当时图书馆界已经出现的一种分类法——圣路易图书馆分类法,即哈利斯图书分类法,而稍加以调整而已。他在 DC 第一版序言里说到类目体系时,就明白承认了这一点。但是没有说明采用的理由。在进行类目组织时,他只是按照当时学术界的通行习惯,当时有一些什么学科就列出什么学科;一个问题在当时由哪一门学科来研究,就归入哪个类。因为这样做是最容易满足眼前的实际要求的。杜威给自己提出的任务仅仅是要给这些学科和问题重新配上最便于检索的号码。在他看来,找到关于一个主题的全部图书是主要的,至于这些主题究竟类集成什么样的体系是无关重要的,至多也只是次要的。便于检索就是实际效用的内容。

这在实质上就是把分类法当作一个检索主题的系统。分类法就是索引法。这是非常错误的。

(五)列举和细分的原则

分类法既然要为检索个别的主题服务,分类表就该详尽无遗地列出所有的主题并且为每个主题提供一个独特的分类号。杜威说:"我们的意图是要在表内为每个已知的主题准备一个位置。"这就是后来图书分类学家所说的列举原则。这一原则一直为传统的分类法所遵守。

这项原则既然要求列出每一个主题,所以在类表里也就要求十分详细的划分。杜威是非常赞成细密分类的。他认为只有这样才能满足检索专门问题的实际需要。他还认为,详细的类表可以使分类员了解一个较广泛的类目的范围和内容;不需要详细分类的图书馆,也可以按自己的需要缩小一部分或全部类目的细分程度。所以类表详细只有好处,并无坏处。详细分类是 DC 的目标之一。

这样既要尽量列举,又要尽量细分,DC 的内容就越来越庞大,以至于第十四版达到了三万多条。第十五版以后的大量削减是不合杜威原意的。

详细的列举可以使每个主题有一个现成的号码,这对分类员无疑是很方便的。按照这种意图,分类表就必须搜罗人类知识发展过程中曾经出现的一切主题。这当然是在事实上难以办到的。尤其是在分类表编成以后出现的主题更是无法预见。列举式的最大困难就是,只要出现一个未经列出的主题,分类员就会感到无类可归。但是杜威说:"任何新的题目总是同某个已有的类目有紧密的联系。如果没有空白号码,就可以把它并入最相近的主题;如果新题目有足够的重要,就可以在原号后面加上一位小数来位置它。因此,这个体系可以无限制地扩充,而不致因缺少地位而崩溃。"可见杜威是用预留空号、并入母类和延长原号这三种办法来处置新主题的。可是预留空号未必准确,并入母类等于不分,延长类号易使号码冗长。三种办法都有缺点。因而在另一地方,杜威又建议分类员不要自行添加号码,而只能将新主题暂时放在旧主题里,以等待分类法编辑部的修订。因为自加号码,容易造成混乱。这样,事实上分类员对于新主题还是无法归类,暴露出了列举式分类法的重大缺点。

(六)本节小结

总起来说,杜威从实用观点出发,认为分类法的作用在于提供检索主题的手段;将一切已知的主题详尽无遗地列举出来;依据传统的学科领域将主题加以分类,组成系统;按照小数原则,配给每类一个号码;编成相关主题索引;用这个号码作为关键,这样就可以按照号码,进行图书、目录和其它记录的相关排列和检索——这些就是 DC 所遵循的原则。

三、类表结构

现在从三个方面来分析 DC 分类表的结构。

(一)类目表

DC 的类目表有主表和附表。

主表包括着全部直接用以处理图书的类目,是已知主题的列举。杜威首先把当时所有的全部学科也就是当时人们的全部知识,归纳成九个领域,称之为类(classes)。所有的图书都按其主题的专门性分别归入这九个类。至于涉及全部知识而不能归入任何一门学科的图书就总为一类,作为第十个大类。这样,DC 的总纲就有十个大类,如下(本文所引 DC 类号及类名都据第十六版;关于类号下面再谈):

DC 基本大类表

000	总论	500	纯粹科学
100	哲学	600	技术科学
200	宗教	700	美术
300	社会科学	800	文学
400	语言学	900	历史

每一类一般又分为九个小类,连同一个总括本类全部或大部分内容的"总论"类,共为十类,杜威称之为门(Divisions)。例如:

500	纯粹科学	550	地球科学
510	数学	560	古生物学
520	天文学	570	人类学与生物学
530	物理学	580	植物学
540	化学	590	动物学

每一门一般也分为九个小类,连同一个总括本门全部或大部分内容的"总论"类,共成十类,杜威称之为纲(Lections)。例如:

620	工程学	625	铁道与道路工程
621	机械工程	626	(空号)
622	采矿与采矿工程	627	水利工程
623	陆海军工程	628	卫生与市政
624	土木工程	629	其它各种工程

以上类、门、纲构成 DC 的纲领。纲以下每类都逐步进行细分,有分到十几次的。每一度划分一般也是分出九个小类(但不足或超过九个小类的很多)。当然,每一小类也都有总论性的图书,所以也可以有一个总论类,但是在纲以下的类目里,除了须要将总论进行特别的复分以外,通常就不再列出了。这些小类统称为子目。

这样递分下去,理论上可以至于无穷,因此可以详尽无遗地列举所有已知的主题。现节录一段以示例:

600	技术科学	……	
620	工程学	.38	电子及电力通讯工程
621	机械工程	.384	无线电通讯工程
.01	工程热力学	.3841	无线电原理
.1	蒸汽工程	.38413	无线电设备
.2	水力工程	.38415	无线电通讯系统
.3	电力工程	.384151	短波广播系统
.31	电力的发生	等等	

DC 主表的结构就是这样。

主表以外还有附表。附表的作用在于提供通用于全部或绝大多数类目的复分子目和类号。这些子目和类号只能同主类目结合起来才能成为一个完全的类目,才能用来类分图书。DC 的附表目前只有一个。在以前各版本里,它的数目各有不同。除了通用的《形式复分表》以外,还有几个帮助分类工作者在类分图书时参考的表,如《应用地区复分的类目表》、《语种细目表》、《语言学细目表》等等。第十二版至第十四版还把 UDC 的各种符号和复分表（见下一章）吸收了进来,把符号改为数字标记,列为几种不同的通用复分表。但自第十五版起就把它删去了,只在主表的前面列出一个《形式复分表》（第十七版改称为《标准区分表》）。这个表起源于第二版,只有九类,以后曾经分得很细,但第十六版又加以简化。其大纲（即原来的九类）如下:

01	理论	06	学会组织和出版物
02	大纲、手册等	07	研究和教学
03	辞典及百科全书	08	丛书
04	论文、讲演录等	09	历史和区域
05	定期刊物（杂志）		

这个表可以直接加在任何类的后面,作为它的复分。这是组配原则的首先应用。

除了这个表以外,其它如地域区分、语言区分,都有通用的号码,但都是利用主表的类号仿造的,没有专门列出的表（第十七版把地区列了出来作为附表）。如何仿造将在下一节里再谈。

DC 类目表的结构就是这样。这种结构以上位、下位和同位的形式来表示类与类之间的关系,即形式逻辑上所说的种与属的关系。因此,它必须服从形式逻辑上的种属划分规则。这种结构在图书分类学上称为等级式（或谱系式）结构,一直是图书分类上的通行形式,到近年才有改变。

应该注意到,在这个等级系统里上位类有两种作用。一,它是所有下位类的总体,包含着所有的下位类。二,它同时也可以作为这个类的"总论"类,因为在类目表内,除了大类和门、纲之外,一个类的"总论"类通常是不再列出来的。正由于这两种作用,所以在实际类分图书时,我们可以把下位类省去不用,而把一切图书归入上位类,如把一切关于无线电通讯工程的书都归入无线电通讯

24

工程类而不再细分,以便缩短类号,这就是简化分类;我们也可以按照它的下位类细分,而把这个类的总论性图书(如基础、概论、大纲之类)归入这个类目之下。这样就不须另列一个名目,比如说,"无线电通讯工程总论",以节省类表篇幅。

(二)标记制度

类目表内每个类都有一个号码。杜威是这样来规定类目号码的。他首先用阿拉伯数字 1 到 9 来分别表示九个大类,而以 0 来表示总论类。每类进一步划分时也按照这原则在原有号码后面加上一个数字来表示划分出来的下位类。这样层层递推下去,就构成一个与类目等级相适应的层次分明的标记系统。不过纲以下的各子目由于一般不列出它的总论类,所以通常看不见以 0 号为标记的子目。这就是 DC 的标记制度。

所有的数字都作为小数看待,但是不用小数点,不过对于前三级的类一律都用三个数字,而对于纲(三级类)以下则在前三位数字之后用小圆点隔开以便醒目。第十六版更建议小圆点以后,每三位数字之间留一位空白以求更加醒目。所以 DC 的标记是以三位数字为基础的。

在规定类号时,他还采用了助记原则。同一概念用同一的数字表示。如 1 总是理论,9 总是历史;欧洲总是 4,亚洲总是 5,英国总是 42,法国总是 44,中国总是 51,日本总是 52 等等。这对分类员的工作和按类号查书的读者是有一定便利的。

这种制度的特点是下位类的号码必须包括着它所有上位类的号码。层层包括,等级分明。所以称为等级制(或层累制)标记。把两个类号进行对比,就可以看出这两个类的种属关系,即内容上亲疏远近的关系。这是等级制标记的一个优点。但是分类愈细致深入则类号就会变得越来越长,不便于排架和出纳,反而成为缺点。

由于杜威采用等级制标记又用小数作符号,不少人就认为 DC 的体系是一种机械的"十分法",使类目迁就数字,每类都硬凑成十个子目。但是事实上,DC 的等级制标记并不是十分严格的。首先由于数字只有十个,如果同列类超过十个(包括着一个"总论"类),就不得不把九类以后的类归并为一个"其它"类,用 9 为标记,再分别以 91、92 ……来标记各类。如 621.9 其它工程类。因此,就使得某些类比其它实质上同等的类多出一位号码。另一方面,有些类的复分不足十个,也就把下位类用与上位类相等数目的符号来表示,以便缩短号码。例如 543 是分析化学,其下位类"定性分析"的类号是 544,"定量分析"是 545。这就使得本来不同级的类有相同数目的类号。因此,即使对于 DC,也不能仅仅从类号的位数来断定类的等级。因此也就不能说产生机械的十分的问题。正如杜威自己所说的:"小数是用来作为仆人而不是作为主人的。"这就是说,小数制只是标记类目次序的手段,而不是决定类目数目的准则。这个方法之所以称为小数制,只不过是说它以小数作为标记,而不是说它每类都必须十分;是指标记制度而言,而不是指类目体系而言。因此,把 DC 的体系说成是"一而十,十而百,百而千"的"十分法",是不合乎 DC 的原意也不符合 DC 类目体系的真相的。这是把标记制度当作类目体系了。DC 原表是以缩行、字模大小、字体式样等方式,而不是以类号的位数来区别类的等级的。同列的十个号码并不一定就表示十个同列的类。这说明了 DC 的体系并不是所谓"十分法"。

在这里要顺便说明一下 DC 中 0 号的用法。这个符号在 DC 里有两种作用。第一,代表一个类的整体,用来标示关于这个整体的著作,即总论性图书。例如,500 是总论整个自然科学的图书,540 是总论整个化学的图书。我们知道,任何一个类都可以有论述它的整体的图书。在把这些同其余论述它的局部内容的书区别开来的时候,都要以 0 为标记。但是 DC 用的是小数标记法。按照小数的原则,末位的 0 号是可以省去的。所以如果总论的书不再划分的话,这个 0 号,因为居于末位,就可以省去。因此,在类目表里自三级类以下,就只列出以 1 到 9 为标记的论述其局部内容的下位类,而不再列出应当以 0 为标记的总论类。只是对于前三级类目,由于 DC 要求三位符号作为起码的标记,才列出带一个或两个 0 的类号,以满足三位之数。

但是总论性图书还是可以而且有时还必须再行划分的。不过不能再按内容划分而只能在需要时按图书的形式(著作体裁和出版类型)划分。既然密切的类都可以有总论性图书,也就是一切的类都可以有按形式划分的总论性下位类。这些由总论划分出来的下位类可以适用于一切的类。因此,就不在个别的类下面一一列出,而把它们编成一个附表。这就是总论复分表。由于这个表是以图书的形式作为分类标准的,所以 DC 就把它称为《形式区分表》。可是几乎所有的类在类目表里都没有列出总论类的类号,因此,为了使形式区分不致于同表示局部问题的区分混淆起来,就在这些形式区分的类号前面加上一个 0 号,以表示其后面的数字所代表的是由总论划分出来的一个子目,总论的各种形式之一。这就是形式区分表以 01 到 09 为标记而不以 1 到 9 为标记的理由。这样一来,对于需要按形式区分的类,就可以在原有类号后面加上 01 到 09 而构成这个类的总论的形式子目了(参看下节)。

第二,作为变换分类标准的标记。这是更有意义的一种用法。当一个类可以用几个不同的标准从几个不同的方面同时进行划分时,必须将不同标准所产生的类列区别开来,否则就会发生混乱,而且不便于扩充。例如,在历史类,每个国家的历史都是既要按时代分(断代史),也要按地区分(地方史)的。在 DC 里就以 01 到 09 表示各时代,1 到 9 表示各地区。这里的 0 就是一个分类标准(时代)的标记。如果不用 0,那么,表示时代的类号同表示地区的类号就会混淆不清了。事实上,形式区分表的 0 就是表示它前面的数字所代表的那个主题(类)现在被当作一个整体,不按其内容而按其形式来划分的意思,所以也可以认为是一个变换分类标准的标记。

这样编造的类号比起不区分各种标准的类号来要灵活得多,因为这样的类号每一段都可以分别扩充细分。例如,纺织工业期刊的类号是由纺织工业类号 677 加上期刊类号 05 而成为 677.05 的。如果有一本毛纺织工业年刊,就要把 677 纺织工业和 05 期刊这两个类都加以细分,而用 677.31058 来表示。这里的 677.31 是由纺织工业分出的毛纺织工业类,058 是由期刊分出的年刊类。如果形式类号不用 0 作为标记,而直接加在 677 之后写成 677.5,那么,这个号一经使用之后,就无法再把 677 纺织工业依纺织的类别细分了。为了区分不同的标准,即区别主题的各个侧面,DC 有时用上三、四个 0,这种用法的 0 号,用现代分类术语说就是一个分面符号。

应当指出,在 DC 的初期,只使用 0 号作为形式复分的标记。除了十个基本大类外,没有连用两个 0 号的。后来,由于分类日益加详必须区别从不同角度分出来的子目,即区别不同的侧面,才开始使用两个或三个 0 号。每加一个 0,就表示换了一种分类标准。这是 DC 标记制度的一种发展。

DC 标记制度的特点主要就是这些。

(三) DC 的索引

DC 有很详细的主题索引。它是由各式各样主题的名称以及它们的同义词、新旧词等按字母顺序排成的一个表。它不仅包括主表各类的类名,也包括着包涵在类目之内而未被析出作为小类的许多概念。索引的每条标目后面,注明相应的类号,而不像普通图书后面或当时书本式分类目录后面的索引那样,注明所在的页数。例如:

联合收割机　631.35

电　　话　621.3867

在索引里还将一个主题的各个方面以及被这一主题所规定的词和倒装的词,都集中在一个标目之下,例如:

苹果

植物学　583.3

烹饪法　641.6411

果树栽培　634.11

这样就将分类表内分散到各类的一个主题的各个方面集中起来了。这就既便于分类员在其中挑选最适合于待分的书的类号,也便于查找这主题的全面资料。

这样,遇有不知类号的主题,只要按其名字的字母一查索引,就可以知道它的类号。不仅可以检到一个特定主题的类号,而且可以检到这一主题的各个方面的类号。分类的人可据此去给号,查书的人可据此去查分类目录或架上的书。

这样的索引——指出类号而不指出具体地点——可以指出图书在书架上、在目录里以及在其它记录中的相对位置。这就是杜威所说的"相关索引"的原意。但是这种索引还有集中被分散的资料的作用。后来的分类学家都特别重视这一点,因而在目前,"相关索引"这个词就只被作为后面这种意义来使用了。

四、分类实践

用 DC 来类分图书,正如用其它现代图书分类法一样,首先要确定图书的主题——书中所论述的是什么。当一本书的特定主题确定之后,按照杜威的说法,"或者通过索引或者直接利用分类表,在表内找出这个主题",就可给以相应的号码。

给号的第一步是要确定这个主题属于什么学科,首先是属于十大类中的哪一类。这意味着要事先明确大类的范围和差别。例如:100 哲学类包括着心理学,900 历史包括着地理。对于同一事物的研究,要区别它们不同的研究方面而分别归入不同的大类。例如:煤业经济入 338.272,煤的地质学研究入 553.2,煤田开采入 622.33,煤的化学工业入 662.62,煤的矿物学研究入 549.8 等。不能因为它们都讲的是煤,而归在一个类里。按照 DC 的体系,必须区别一个主题的经济方面和工艺方面,自然科学方面和技术科学方面,实用工艺方面和美术方面,历史方面和政治方面,历史方面和地理方面,等等。了解了这些区别,第一步才不致弄错。

决定了大类之后,就可按照类系逐步推下去,直到最适合书中主题的类目。这个类的类号就是这书的类号。

DC 的类目下面有很多注释,对类目的意义、范围和应用方法,有明白的规定。在给号时必须注意每类下的注释,依照它的指示,以避免错分。

此外,要真正掌握 DC 的用法,必须懂得并善于使用"号码编造"法。

尽管杜威的意图是在分类表内提供人们已经知道的一切主题,但并不能把所有主题都罗列出来。有许多复杂主题在表内没有现成的号码,必须依据它指示的方法来"编造"。号码的"编造"在 DC 里经常有两种方式:(1)利用形式复分表,(2)仿某类分。

(1)利用形式复分表。这就是按照著作物的形式,把复分表中相应的类号加在原有号码之后。例如:

574	生物学
574.05	生物学杂志
574.09	生物学史
629.13	航空学
629.1305	航空学杂志

629.1309　　航空学史

但是原号码末位为 0 或末二位为 00 的,都必须将 0 或 00 去掉,然后再加形式复分号。例如:

500	自然科学
505	普通科学杂志(如《科学通报》),不是 500.05
509	科学史,不是 500.09
020	图书馆学
020.5	图书馆学杂志,不是 020.05
020.9	图书馆学史,不是 020.09

其原因就是两方面的 0 号都是表示"总论"的意义的,不省去就意义重复了。

可是如果在类表里已经把 0 或 00 作为一种变换分类标准的标记,而不是用作"总论"的意义时,就不能去掉,而必须把形式复分号连同它的 0,加在 0 或 00 的后面。这种情况在表中都特别注明。例如,表中既规定"027 普通图书馆,027.03—027.09 图书馆史及各地区图书馆史",就同时规定以"027.001—027.008"为"普通图书馆总论"的形式复分。又如表中规定"352 地方政府行政,352.001 城市的成长与其重要性,352.004 地方选举,352.03—352.09 各国地方行政状况"等等,就同时规定以"352.0001—352.0008"为"地方政府总论"的形式复分。其原因就是,形式复分和有关类目原有的复分是作用不同的分类标准的,原来类目既已用 0 或 00 来表示一定的意义,如果不保留原来的 0 或 00,类号就会发生冲突,类目的意义也会发生混乱。

(2)仿某类分。DC 表中最广泛使用的一种复分方式是在类目上面注明"仿……分"。这有几种不同的形式需要用几个例子来说明。

例一、仿全部类表分:

026	专业图书馆,下注"仿 000—999 分"

查：550　　地质学，因此026.55地质图书馆

621.3　电气工程，因此026.6213电工图书馆

951　　中国历史，因此026.951中国史学图书馆

这种情况，要求把一个主题在主类表里的号码全部加在仿分的类的号码后面。这等于把仿分的类按全部类表复分一次，也等于说"按全部类目复分"。

例二、仿历史类分，即按国家分：

549.9　矿物的分布，下注"仿940—999分"

查：951.1　华北历史，因此549.9511华北的矿产

960　　非洲历史，因此549.96非洲的矿产

973　　美国历史，因此549.973美国的矿产

这实际上是按地域区分。在第十七版以前，DC没有专用的地域复分表，凡应按地区分的都借用历史类930—999各国历史的号码。这就是除去9而把其余部分（代表地域的号码）加在仿分的类的号码后面。

例三、仿语言类分，即按语种分：

895　　东亚及东南亚文学，下注"仿495分"

查：495　　东亚及东南亚语言相当于895东亚及东南亚文学

495.1　汉语，因此895.1中国文学

495.6　日语，因此895.6日本文学

495.7　朝鲜语，因此895.7朝鲜文学

这实际上是按语种区分。文学和语言学都是按语种区分的，所以只要把语言学中语种号码开头的4换为8就成为该语种的文学号码了。

例四、仿地区性类目分：

581.92　水生植物学，下注"仿551.46分"

查：551.46　海　洋　学，相当于581.92水生植物学

551.461　大　西　洋，因此581.921大西洋水生植物

551.462 地 中 海,因此 581.922 地中海水生植物

551.465 太 平 洋,因此 581.925 太平洋水生植物

例五、仿照另一类分:

387.2 远洋船只,下注"仿 623.82 分"

查:623.82 造船学,相当于 387.2 远洋船只

623.824 商船,因此 387.24 远洋商船

623.8243 客船,因此 387.243 远洋客船

623.8245 货船,因此 387.245 远洋货船

例六、仿照一系列类目分:

669.952—.9579 其它各种金属学,下注"仿 669.2—669.79 分"

这里后一号码中的 669 相当于前一号码中的 669.95,因此,

由:669.2 贵重金属,得出 669.952 贵重金属学

669.29 放射性金属,得出 669.9529 放射性金属学

669.3 铜,得出 669.953 铜(金属学)

669.4 铅,得出 669.954 铅(金属学)

总之,凡"仿…分"的注语,都是为了避免在类表里重复出现相同或相似的复分子目,是一种节约篇幅的措施。在分类时,必须将两类号码对比,除按 000—999 分即按全表复分以外,都要从所仿的类的号码中除去相当于仿分的类的号码那一部分,而把其余部分加在仿分的类的号码后面。

DC 的号码编造方式就是这两种。但是在 DC 表中需要编造号码的类却很多,因此,必须学会运用它。

最后,应当掌握它的索引使用法。主题索引在 DC 中的重要性已如前述,所以不能忽视它。在不知道一个特定主题应归入什么类时,固然要查索引;就是分类员知道一个主题在什么类的时候,也要用索引核对一下。因为在索引里,把一个主题的各个方面都集中在一起,很可能从其中发现一个更适合于待归类的书的类

号而不是分类员原来所想的类号。但是在任何情形之下都不能单凭索引所指的类号归类，必须要与全表进行核对。

现在再举几个例子如下：

（1）中国化学史 540.951（这是依据组配原则利用形式复分号09及中国历史 951 中的 51 两个号加在化学 540 后面而成的。）这说明仿分的方法是可以重复使用的。

（2）胃癌的 X 射线诊断 616.994330757（这是根据 615.994 癌 C 及书页中心标目 616.1—616.998 各种病下面的注组配而成），其 33 代表胃，取自 611 解剖学；0757 代表 X 射线诊断，取自 616.075 诊断学。这说明号码编造是可以依据几个类目的注释的。

（3）小麦育种 633.11（这是小麦类号，不能表示育种。据631.5 作物生产类的注，小麦类不再细分。）

（4）猪瘟 636.40896（这是据 636.4"猪"的注组配而成，0896只表示猪病及治疗，不能确切指明猪瘟。）

上面这两个例子，就可以看出在 DC 里有些类分得还不够细，还不能确切指明主题。

五、简短的评论

DC 是现代资产阶级图书分类法中产生最早，流行最广，影响最大的分类法。它是外国图书分类法发展史上一个重要的里程碑。

（一）DC 在图书分类法史上的地位

它对图书分类法的贡献主要有两方面。第一，它首先创用了以号码代表类目的方法——相关排列法，从而为图书排架、目录组织以及其它各种图书记录的组织提供了简便易行的共同基础，还为文献检索提供了一条方便途径。在此以后产生的分类法,毫无例外地采用了这一原则。第二,在标记制度方面,它首先运用了小数制并且初步应用了组配法,使类目有极大程度地深入细分的可能,为以后各种分类法开辟了道路。后来的分类法,不管用什么种类的符号,绝大多数都在不同程度上接受了并发展了这些原则。

(二)DC 得以长期流行的原因

它之所以得到广泛流行,看来有下列的一些原因。

(1)首先是由于它符合当时发展中的资产阶级的利益和需要;由于它的思想体系是资产阶级世界观的体现。

(2)相关排列法正好符合了十九世纪后期图书馆藏书量、图书流通量和卡片目录日益增长的需要。

(3)标记用阿拉伯数字,简单清楚,易记易懂;按小数数值排列也容易实行;层累制有表达性、伸缩性、扩张性,既便于各图书馆按自己需要决定分类的详略,还便于在后面添加数字,以适应新的划分而毋须改动原有号码。

(4)类目组织以十九世纪学术界的习惯为基础,符合当时科学的水平,便于当时人的学习和研究。

(5)经常增订,基本上能适应科学迅速发展和图书馆藏书不断增加的新形势。同时,改动很少,结构稳定,图书馆没有屡屡改号的麻烦。

(6)类目详尽,所采取的细分原则符合科学日益专门化时代的读者要求。它还具有系统的详细的相关索引,对分类员有很大帮助。

总之,它在当时,是一个能够适应资本主义社会的需要、具有实际便利的工具。这个分类法就这样被沿用下来了。

(三)DC 的根本错误

但是必须着重指出,DC 是有根本性的严重错误和缺点的。

首先,它的类目体系是资产阶级唯心主义世界观的体现,它的立场是资产阶级的。它的逻辑有时很混乱。

(1)DC 的基本大类及其次序来源于新黑格尔派哲学家哈利斯的图书分类法。如前所述,早在 DC 第一版里,杜威就明白说出,"九大类内容是遵从圣路易市图书馆的倒装培根的体系的。"这个体系以十七世纪初年英国哲学家培根所发表的知识分类的原则为准则。培根用人的心理活动来区分知识。他认为人心有三种由低级到高级的官能:记忆、想象和理性。记忆的活动产生了历史知识;想象的活动产生了文艺;理性的活动产生了哲学亦即科学。因此,他就把全部知识分为历史、文艺和哲学三大门,而把当时的各门学科分隶在这三大类,并照上述次序排列起来。这种分类原则只看到知识的主观源泉,而不管知识的客观对象的实际联系,所以完全是唯心主义的。这种分类原则在十七、十八世纪之间曾为许多藏书家和图书馆采用来编制自己的图书分类目录。哈利斯作为一个唯心主义哲学家,他也就采用了培根的原则。他把全部图书,按照当时美国高等学校的学科,分为一百类,把培根的次序倒转过来,改为哲学、文艺和历史,并按照这个次序,来安排这一百类的次序,自称为倒转培根法。杜威在实际上就是把哈利斯的一百类归纳为十大类,并保存了哈利斯的序列,只作了个别调整。所以DC 的二级类目差不多完全和哈利斯相同。因此,DC 体系的组织原则也就是倒转的培根原则。但是倒转并不能改变培根原则的唯心主义本质。因此,毫无疑问,DC 的体系是唯心主义世界观的体现。

(2)这种唯心主义的知识分类观的结果,就把关于同一对象的或有密切关联的学科分隔开了。例如,社会科学和历史,语言学和文学在 DC 里都相隔很远。这是因为,按照培根的原则,语言学和社会科学(对培根来说,只是经济学)是人们理性活动的结果,所以应归入哲学(即科学)大类;而文学和历史则是分别由人的想象和记忆产生的,所以应另外成立大类。哈利斯和杜威都相沿不改。这就把十七世纪初年的人的思想贩运到十九世纪来了。

自然科学和应用技术(在第十五版以前,称为纯粹科学和应用技术)这两大类的分立也是资产阶级哲学家对科学的看法的反映。长期以来,许多资产级阶科学家都把科学分为两个对立部分,有种种名称:如"理论的"和"实用的"、"理性的"和"经验的","抽象的"和"具体的","普遍的"和"专门的","纯粹的"和"应用的"等等。杜威将哈利斯的百类归纳为十类时,也就采用了最后这对名称来处理各门自然科学和技术。这种二分法可以溯源到古希腊哲学家亚里斯多德的知识分类。他是第一个把知识明白区分为理论和实践两大类并加以论证的人。这是奴隶占有制社会里奴隶主轻视体力劳动的思想的反映,而为封建社会和资本主义社会的"学者"们继承了下来。杜威作为一个资产阶级图书馆学家,具有这种错误观点是不足为怪的。但是这种错误的本质是必须予以揭露的。

(3)DC 的资产阶级本质还表现在对某些类目本质的歪曲上。最明显的是把马克思主义、科学共产主义作为"社会主义"的一个流派,而与社会民主主义、国家社会主义、法西斯主义、纳粹主义和无政府主义等并列为"335 经济上各种意识形态"(第十四版标目为"社会主义、集体主义"内容相同),把它们等量齐观地认为"社会经济改良运动的理论",而作为经济学的下位类。又把阶级和阶级斗争作为经济问题之一,列入马克思主义之下;无产阶级专政作为专制主义之一,而与君主独裁、法西斯国家、辛迪卡国家并列。这一切就反映了他的资产阶级的世界观。

此外,在社会学、政治、经济、法律、教育几个类里,子目的设立和次序完全以资本主义社会经济结构为标准。医院管理不入医学类而入社会学的社会救济类(第十六版改称为社会福利类),是资产阶级把保健事业看作对病人的恩赐的观点的表现。图书出版事业不列入教育类或图书学类而入商业和商业方法类,都市规划不入政治类而入美术大类,体育和运动不入教育学而入美术类,都是资产阶级力图隐瞒这些事业的政治意义的企图。这样的例子还可举出许多。

DC 的地理区分也有重大的错误。巴基斯坦、斯里兰卡、尼泊尔、不丹、锡金这些国家都夹杂在印度各邦之间,仿佛是印度的省份。芬兰列在苏联的下面。东欧及中欧各国的领土往往夹杂在德、奥和苏联的领土之内,保存着十九世纪德、奥、俄三国帝国主义侵略者的面貌。菲律宾和印度尼西亚不列入亚洲而列入大洋洲也是原则性的错误。这一切在第十六版都没有得到改正。

至于把宗教列为十大类之一,其中基督教又独占这个类的八目,关于美国的类目特别详细,而欧洲以外的国家、民族和语言通常只占细小的类目,这种资产阶级的宗教偏见和民族偏见更是显而易见的错误,就不去细说了。

(4)还该看到,DC 的体系不仅暴露出资产阶级本质,而且在逻辑上有时也很混乱。试看下面这个例子。

570	人类的和生物的科学	575	有机界进化论
571	史前考古学	576	微生物学
572	人类学	577	生物学哲学
573	体质人类学	578	显微镜与显微镜学
574	生物学	579	标本的采集和保管

这里几乎没有什么分类标准可说了。把人类学和生物学并列为一类,把人类从生物中分出来,这就不合逻辑。把人类学放在生物学之前,仿佛人类不是生物学研究对象的一部分。这也许是宗教上

人为神所创造的观念在决定着这样的安排吧！至于史前考古学，既不是人类学的一支，更不是生物学的一支，放在这里，就是在十九世纪后期也是不符合科学现实的。而且在这个类列里，把生物学（574）和其中的个别问题（575，577，578，579）并列，又把生物学的一个分支部门（576 微生物学）和生物学并列，并且夹杂在两个生物学中专题（575 和 577）之间；把显微镜学作为生物科学之一，是把有广大应用范围的一门知识从属于一门范围较窄的知识，而且把无生命的仪器的研究当作研究生命的学问；把标本的采集和制造——生物科学中一个技术问题——当作与生物学并列的科学，也破坏了分类逻辑。从分类的系统性看来，这个大类简直是一盘杂烩。此外，在 600 应用技术类，620 工程学和 660 化学工业之间夹杂着 630 农业、640 家政学、650 商业和交通，将工业技术分成几块！兽医列作医学的下位类，林业列作果木园艺的下位类，也都是既不合逻辑，又不合科学的客观实际的。

由此可见，在 DC 的类目体系里，无论大类的序列上或细目安排上，都是既有原则性的错误，又不合科学本身要求的。这完全是一个站在资产阶级立场上运用唯心主义世界观建立起来的体系，是必须予以无情的批评的。

第二，DC 的分类理论也是有严重的错误和缺点的。

（1）杜威对于分类法作用的看法是片面的，因而是错误的。如前所指出，杜威把分类法看作检索主题的工具，只要求它能帮助读者找到所需要的主题，至于这个主题所在的位置——它的体系，则是"无关重要"的。这就把分类作用和索引作用混淆了起来。当然，分类法必须具有检索的功能这是不可否认的；但更重要的是分类法必须同时具有组织作用。通过类目的组织，不仅可以知道一类图书的所在地，而且还要体现出类目之间——即主题之间的客观联系，对读者起着指导阅读的作用；使读者在阅读图书时，在利用资料时，可以由此及彼，循序渐进，可以鸟瞰一门科学的内容。

分类的作用并不仅限于规定主题的位置。把两者等同起来，就削弱了分类的作用。

（2）DC 编者的实用主义是为资产阶级利益服务的观点。杜威认为，只要能使关于同一主题的全部图书永远集中一处，并且能在需要时立刻找到它们，就达到了分类的目的。这就使他轻视系统的组织基础，不去研究据以组成系统的那些理论和原则。他以为这种研究是不切实际的。如前所指出，他在谈到图书应当按类排架的时候说："已往提出来的那些哲学上的体系是如此地难以充分理解和应用，以致一千人中没有一个能够实际利用它。十进分类法的简单性，尤其是它的相关索引，却使得这项工作容易十倍了。"这样，他就把实用和理论对立了起来，而在实用和理论发生矛盾的时候，他宁可放弃理论。这就说明他的实用观点是一种反对理论系统性的观点。因而也就难怪他会得出以分类法当作索引法的结论了。但是事实上，DC 的体系不是没有理论原则的。这在上面已经指出来了。他之所以这样说，无非企图在实用主义的幌子下掩盖其袭用唯心主义知识分类体系的实质而已。这是资产阶级学者所惯用的手法，杜威也不例外。

综上所述，DC 从实用主义观点出发，采取了十七世纪初年资产阶级唯心主义的知识分类原则来组织了十九世纪资产阶级的学科体系。从学术上看，它是陈旧的。它之所以能够广泛流行，是因为它初出现时能够符合当时资产阶级的需要。它之所以能够长久维持，一方面是由于采用它的图书馆积重难返，另一方面是由于它能不断增订补充，维持着它为资产阶级利益服务的效果。它在外国图书分类法史上虽然曾有相当大的影响，但是他的时代已经过去了。从目前科学发展的水平中来看，从社会主义国家图书馆的立场和需要来看，它的体系是必须扬弃的，而对于它的编制方法和技术，则可以批判地加以吸取和借鉴。

第三章　克特展开制图书分类法

DC 产生不久,就出现了查尔斯·阿密·克特(Charles Ammi Cuttlr,1837—1903 年)的展开制图书分类法(Expansive Classification,简称 EC)。这个分类法在二十世纪开始前后,同 DC 竞争得很剧烈。当时有很多人认为它的体系最接近于现代科学,最合逻辑。在美英两国都有一些图书馆采用它。但是自从编者在 1903 年逝世之后,这个分类法一直没有修订过。到了二十年代,新设的图书馆已经很少采用它;而在四十年代,一些原来采用它的图书馆也不得不改用其它分类法了。在今天说来,就是在资本主义国家图书馆界中,这个分类法也失去了其现实意义。但是它在图书分类法发展史上,还是有一定程度的影响的。

一、发展经过

展开式图书分类法,正如 DC 一样,是从图书馆实践中产生的。克特和杜威都是十九世纪七十年代美国现代图书馆运动的积极活动家。克特在担任波士顿俱乐部的图书馆馆长时,着手为那个图书馆编制一个新分类法。他在 1879 年发表一个大纲,这就是 EC 的基础。经过十多年的准备,于 1891—1893 年正式发表了以"展开制图书分类法"为名的详表。这个表实际上是六个详略程度不同的分类表,分别适用于规模大小不同的图书馆。所谓"展开",指的就是这个体系可以随着图书馆的发展而逐渐加详,而号码只须在原有号码后面附加上去。但是 EC 并没有做到后面这一点。

第一表是供一百册图书之用的,内容如下:

A	参考书和综合性著作	L	科学与技艺,实用的和美术的
B	哲学与宗教	X	语言
E	历史科学	Y	文学
H	社会科学	YF	小说

第二表以后逐步加详,第六表分出约一千个类目。它的基本大类如下:

A	综合性著作	L	科学与技艺
B	哲学	M	自然历史
Br	宗教	N	植物学
C	基督教	O	动物学
D	历史科学	R	实用技艺,工艺学
E	传记	S	建造技术
F	历史	T	织造技术
G	地理与游记	U	战争技术
H	社会科学	Vv	体育与游艺
I	人口学、社会学	Vp	美术,音乐
J	市政学	W	美术
K	立法	X	语言通讯技术

这就不仅类目加详,而且号码分配也与以前有所不同了。

当克特发表前六次展开表的时候,他已经从事于第七次的展开。他计划把它编成一个最详细的分类表,可以适用于"像大英博物院图书馆那样大规模的图书馆",而且以后还可以继续展开下去。但是他没有完成这个第七表就去世了。1907 年才由他的侄子威廉·巴克·克特整理出版。这个表里,有好些自然科学部门是克特约请其他专家编制的。它是一部未经完工的著作,出版时没有总说明,也没有总索引,看起来好像许多专门分类表的合订本。但是子目很详细,大体上符合当时的科学水平,并有很多详细的注释和方法指示。类号相当简短。后来使用 EC 的图书馆大半都以这个本子为准。以后没有扩订过,也没有重印过。随着编者本人的逝世,这个分类法也就停止发展了。

二、基本原则

克特很少发表关于分类理论的文章。1891 年本的导言也很简短,第七次展开本没有导言。但是根据他于 1897 年在图书馆界第二次国际会议上的讲话以及对于 EC 类表的分析,还是可以看出他的一些主张的。

首先,他认为图书分类应当以关于知识分类的理论为基础。很显然他是不满意 DC 的。他认为 DC 在内容上和细分程度上都不能满足图书馆的需要。他在"讲话"中认为图书分类法应当建立在科学的基础上面。他不仅注意分类表的结构和编制技术,并且特别注意其类目体系的逻辑的和哲学的基础。他说,类目体系必须符合自然界的进化次序;科学应当依其所研究的对象为排列次序。这就是,"从分子到物体,从简单的和单纯的,经过物质和力,而到物质和生命……"。但是必须指出,克特对于进化论的了解是充满神学意味和唯心主义的。按照他的想法,首先应当承认人的存在,因而分类体系就首先列出关于人类全部活动的综合性书籍。随后人们意识到"存在"这个问题而加以研究,这样就产生了哲学。然后发生一个疑问:我是怎样来的呢? 于是有宗教。然后,人们从事于各种活动,于是有历史。如此等等。这就产生了他的基本大类的序列。显然,这样的"进化观",是和科学没有什么共同之点的。知识分类是 EC 的出发点,但是知识的组织原则则是他的奇特唯心主义进化观。

其次,EC 是一种主要供图书排架之用的分类表。克特和杜威一样,极力反对十九世纪流行的固定排架。他尤其主张细密的分类排架。但是克特对于分类目录似乎不如对于分类排架的重视。他是美国词典式目录主要的奠基人。就在 DC 第一版的同一年(1876 年),他发表了《词典式目录编制规则》。这本规则受到了和 DC 相同的欢迎,在他逝世以前修订了四次,产生了很大影响。词典式目录,如大家所知道的,不包括分类款目,而包括着主题款目。这样在美国图书馆界,就造成了一种按分类法排架、按标题法编目的风气,使分类和编目脱离,直到最近才开始有所转变。因此,重视排架是 EC 的第二个特点。

为了便于排架,类号就要简短。他一开始就放弃了等级制的编号法。宗教类的号码是 Br,而基督教类的号码是 C,就是例证。不过在大多数类里,通常前二、三位号码还是有助记性的。但这不是他的编号原则。相反,他是不同意类号的表达性的。所以,EC 的第三个特点是顺序制的号码——号码简短,一般不超过四、五位(复分号除外)。

为了便于排架,克特还坚决主张同类号的书籍必须按著者姓名字顺排列。他把编制著者号码认为是分类工作的一个组成部分。为此,他编制了后来几乎通行于全世界的《著者号码表》。这也是他不同于杜威的另一点。杜威在这问题上是不坚持一种办法的:按著者姓名,或者按出版年份,或者按其它方法都可以。但是克特却认为按著者姓名排列是分类的逻辑上的当然结果。因此,EC 的第四个特点是它包含着著者号码工作。

克特初步意识到分类法的分面原则。他不仅像杜威那样把图书的共同形式列为一个共同复分表,还单独编制了一个地区表。这个表适用于主表中一切可以按地区划分的类目。此外,在 EC

中有不少类可以认为是按分面分析的原则编制的。最显著的是 X
语言学类和 Y 文学类。这两个类里都没有列出具体的类目,而只
是列出一些可以供组配的概念(项目)。在 X 语言学类里只分别
列出一个语言种别表和一个语言学问题表。在 Y 文学类里只分
别列出了四个表:一个按语种区分的文学种别表、一个各主要文学
的时代表、一个通用于一切文学的文体表、一个著名作家的作品号
码表,此外,还可以随时援用通用的地区表。这些表的相互配合,
就可以在语言学类里表示各语种的一切具体主题,或在文学类里
按语言、按国家、按文体、按时代、按作者处理任何文学作品。在这
里 EC 显然朦胧地放弃了列举式的类表结构,而有了组配式的萌
芽。至于有些类目下面注明"按全表分"或"按字母顺序排",当然
也是分面结构的一种形式。在标记制度方面,克特也同样具有分
面标记的思想。他用三种不同的符号来分别标识主类表和复分
表。主类表用大写拉丁字母,形式复分表用小圆点及数字.1—.9。
地区表完全用数字——按小数原则,但不用小数点。这样便把任
何题目的形式和地区同内容子目分别出来了。这样大量地运用分
面的原则不能不说是 EC 最有意义的一大特点。克特正如我们以
后将要说到的布朗一样,是现代分面分类法的前驱。但是他没有
明确地认识到这一点,因而不能把它提高到有意识的自觉运用的
地位,没有把它变成一条原则。但是这些办法后来为 UDC 所采
用,并且予以发展。这样,克特就为组配式分类法开辟了道路。这
是 EC 的第五个特点。

三、类表结构

如前所述,EC 是由七个逐步加详的分类表组成的。现在就根
据第七表来谈谈它的类表结构。

第七表的纲领如下：

A	综合性图书	N	植物学
B	哲学	O	动物学
BR	宗教	PW—PZ	人类学与民族学
C	基督教与犹太教	Q	医学、兽医学
D	宗教史	R	工艺学、实用技艺
E	传记	RD	采矿工程
F	历史	RE	冶金学
G	地理与游记	RG	农业
H	社会科学	RO	家庭经济
HC	经济、政治经济学	RY	电气工程
I	人口学、社会学	RZ	化学工业
IP	教育学	S	工程学
J—K	公民学（政治学、行政组织、法律）	SE	建筑工程
		SJ	卫生工程
L	科学与技艺	SL	水利工程
LA	自然科学	SN—SZ	交通运输
LB	数学	T	动力、机械工程
LH	物理学与自然哲学	TDZ—THZ	电力工程
LO	化学	TI	制造
LR	天文学	U	战争技术
M	自然历史	V	娱乐技艺:体育、游艺
MC	气象学	AT—Z	表达艺术
MD	矿物学	VT—VU	剧院
ME	结晶学	VV—VZ	音乐
MF	岩石学	W	美术
MG	地质学	X	语言学
MQ	古生物学	Y	文学
MV	生物学	Z	图书技艺

如果拿这个大类表同上面所引的第一次类表和第六次展开的

大类表比较一下,就可看出它们数目虽然不同,其组织原则是一致的。这就是,综合性图书——哲学与宗教——社会科学——科学与技艺——语言和文学。

每个大类再逐步进行细分。多数一、二级类下面列有纲要。现引图书技艺类的纲要以示例:

Z	图书技艺	ZM	收藏、采访、购置
ZA—ZK	生产	ZN—ZS	图书馆
ZA—ZC	著作	ZT—ZZ	记录
ZD—ZG	书写	ZT—ZV	普通目录
ZH—ZJ	印刷	ZW	专题目录
ZK	装订	ZX	选书
ZL—ZM	分配	ZY	文学(史按:即著述史)
ZL	出版与售卖	ZZ	国家目录
ZM—ZS	采购收藏与利用		

以下再逐步细分。现就"Zn—Zs 图书馆"摘录部分子目为例:

Z	图书技术	ZR	图书
ZM—ZS	采购、收藏与利用	ZRA	购置
ZN—ZS	图书馆	ZRG	入藏(登录与加工)
ZN	私立的	ZRH	分类法和标记制度
ZP—ZS	公共的	ZRH	一般问题
ZP	总论	ZRHF	固定排架与活动排架
ZP11—99 或	图书馆史和报告	ZRHH	年代排架法
ZPA—ZPZ	按地区分	ZRHI	著者字顺排架法
ZP12 或 ZPA	图书馆的类型	ZRHK	主题字顺排架法
ZQE—ZQD	创建	ZRHL	分类排架法
ZQF—ZT	行政管理	ZRHN	简略分类与细密分类
ZQF	建筑、房屋	ZRHO	书架标识
ZQG	管理法	ZRHU	分类分色装订
ZQH—ZQX	一般问题	等等	

上面所引类表可以看出:(1)这是一个以知识分类为基础的图书分类体系。其逻辑性较强,从属关系较清楚。大类的次序,是以克特对知识发展的一种奇特的唯心主义进化论观点安排的。谢尔思说,它们可以归纳为三个部分:哲学、历史、科学与技艺。因此,EC 也是采用了倒转培根的原则。其实这是不对的。在 EC 里,技艺和科学合为一个大类,而哲学和科学又相隔很远。这是不符合培根的三分法的。但是在科学与技艺类内,各门科学的排列比较能体现出各门科学对象之间的进化次序。在各门类子目的划分和排列上,他很注意于保持特殊从属一般、部分从属整体的原则。他没有像 DC 那样,把"纯粹科学"和"应用技术"对立来起,因此。EC 体系的逻辑性、系统性比 DC 为强。它所用的类名也是当时科学上最新、最精确的名词。因此,它被当时人推为最富科学性的图书分类法。(2)类表的标记符号是纯粹字母制(数字只作为标记主题的某些侧面之用),编制的方法基本上是顺序制。例如,BR 宗教是 C 基督教的上位类,ZQF 图书馆行政管理是 ZR 图书管理法的上位类,都不能从类号上看出它们的从属关系。一个类可以占用几个字母(如宗教类占 BR,C,D),下位类的号码可以比上位类短(如上面所举的例)。这都是同等级制原则不符的。号码在这里只起指明类目次序的作用,完全不表示类目的等级关系,也不在检索上起助记作用。这当然是同克特认为分类法主要是图书排架方法的想法有关的。试考察一下上面所引 ZRH 类的子目,就知道克特是怎样认识分类法在图书馆中的作用了。

除了主类表之外,EC 还有两个通用复分表。

(1)共同形式复分表。这个表比较简单,一共有九目,用.1—.9作为标记。其内容如下:

.1	本主题的理论		.6	手册,等
.2	本主题的书目		.7	期刊
.3	本主题的传记		.8	会社、团体
.4	本主题的历史		.9	丛刊、丛著
.5	辞典			

这个表可以加在任何类的后面。但实际上,只在一些较重要(书籍多)的类下面使用。克特似乎不十分重视这个表。在第七次展开表里已经把它取消,而在需要按形式复分的某些类目下面明白列举出来。

（2）地区表。这是外国图书分类史上,除 DC 的形式复分表外最先列出的通用复分表,适用于一切注明"用地区表"的类目。这个表列出的是国家和较大的地区。正如其它这一类的表一样,它是以十九世纪后期帝国主义妄图瓜分全世界时期的政治上区划为主要依据的,在今天已经不适用了。它以小数制数字为标记。摘录纲要如下：

11	世界		32	希腊
12	游记(丛书)		35	意大利
13	寰球旅行		39	法国
133	热带		449	不列颠群岛
135	温带		45	英格兰、英国、大英帝国
14	两极地带		47	德国
15	海洋及岛屿		54	俄罗斯
21	澳大利亚		60	亚洲
24	亚洲与非洲		63	西南亚
25	亚洲与欧洲		635	波斯
26	欧洲与美洲		66	中国
27	欧洲与非洲		67	日本
28	亚、非、欧三洲(即东半球)		70	非洲
29	土耳其		80	美洲
30	欧洲		81	北美洲

82	加拿大	96	中美洲
83	美国	98	南美洲
84—949	美国各地区		

地区号直接加在类号后面。由于它不带小圆点,所以它和形式号很容易区别。克特非常重视这个表,认为是 EC 的一个重要贡献。这个表有几种用法,使类表的灵活性大为增加。

(a)加在字母类号后面,作为它的复分。这是最正常的用法。如:

F66	中国历史	MDA83	美国矿物展览馆
JT39	法国宪法	OU66	中国的昆虫

(b)加在字母类号之前,以集中关于一个国家或一个地区的资料。如:

66F	中国历史	66MDZ	中国矿物志
66G	中国地理	66OU	中国的昆虫

(c)插在字母类号之间,以集中一个大类内的地区性资料。如:

JV	通讯、邮政
JVPO	邮局
IV45	英国邮政
JV45PO	英国邮局
JV66	中国邮政
JV66PO	中国邮局

(d)地区号后面可以加上形式复分号。如:

JV45.6 英国邮政手册	ZY 39.2 法国文学书目

(e)地区号后面还可以按小地区细分。这就是将城市名称的字母加在地区号后面。如:

G66P 北京地理	F66P 北京历史

但也可以用 A 代替首都或全国最著名城市名称的首字母,如66A 北京,以便把它位于一切省区的前面。

EC有很详细的注释。注释通常是规定类名的涵义、类的范围、本类同其它类的关系、复分的方式方法等。但在EC里,更重要的、更多的是规定交替办法。不仅对某些类目容许交替的位置,而且许多类都容许有交替的划分方法。这也是EC的一个特色。除EC外,其它分类法都没有这样多的交替的办法。但是EC并非客观地罗列几种方法供人选择,它还提出自己的主张,指出哪一种最好。现以文学类为例,引用其交替办法如下:

关于各民族的文学可以有四种划分方式。

(1)按国家分,即在文学类类号Y后面加上地区号。如Y11世界文学,Y45英国文学,Y66中国文学,Y83美国文学。但任何国家的图书馆可以对本国文学只用Y表示,而不加地区号。

(2)也是按国家分,但用Y表示普通文学(世界文学),即将上面方法中的Y11改用Y,其余都加地区号。

(3)按语言分,即在Y后面加上语言号(利用X语言学类的语言表)。如Y世界文学,YGC汉语文学,YP法语文学,YY英语文学(其中GC是汉语,P是法语,Y是英语的符号,均见X语言类)。

(4)也是按语言分,但是用YD表示世界文学,用Y表示英语文学。其它民族可以用Y表示自己的文学,而照表中规定用YY或Y45表示英语或英国文学。

克特表明他自己主张用第四种方法。因为按照这个办法,可以集中同一语种的文学。对于多语言国家不同语种的文学也可以区别出来(分入不同语种),如比利时的法语和德语,加拿大的英语和法语等。对于同一语种不同国家的文学可以在语言号后加上地区号以资区别,如Y(或YY)英语文学,Y21澳大利亚英语文学,Y82加拿大英语文学,Y83美国英语文学,YP82加拿大法语文学等,当然,后面这种办法也可适用于第三种方法。但是第四种方法突出了祖国语言和文学,而且为馆藏中较大数量的书(本国文学)

取得较短的类号。

这样，EC 就为文学分类提供了四种可能，并且指出了哪一种最好。这种例子，在 EC 里很多。

因此，在了解或使用 EC 时，必须细读它的注释。

EC 对于很多小类的子目，容许按名称的字母排列。例如：HE 各种工业经济，RHI 谷物，RIB 根菜，WS 手工艺、装饰工艺，以及社会科学中许多小类都是这样。通常都以类名的第一、二个字母加在相应类号之后。例如：HE 工业经济，所以 HEC 煤炭工业经济，HEI 铁工业经济；WS 各种工艺、手工艺，所以 WSBI 装订工艺，WSBO 书籍工艺，WSI 书籍插图艺术等等。其中 HE 和 WS 后面的字母都是取英文名字的字头作为符号的。这一点后来为 LC 和 UDC 所广泛采用。

应该指出，克特非常欢喜用字母排列，也就是按字母分类。他把同类书籍之按著者姓名字母排列的方法，扩大到一切可以按名称排列的类目中去。如前面我们曾指出，他的地区表下面可以用字母表示城市名称。此外，如 IX 高等学校类的各高等学校，E 传记类的 E.9 总传中的氏族总传和地区总传，都可以按氏族或地区的字母顺序复分。至于个人传记按被传人分和个人文艺作品按作家分，更是最显明的例子了。

在按字母复分的时候，有些场合是可以用一个或两、三个字母直接加在原来类号之后的，如上面所举 HEC、HEI、WSI 等。在另一些场合，克特也使用他的著者号码表的号码来代替字母。著者号码表是以著者姓氏的第一个字母及数字编成的。这种号码表有一位数字、两位数字和三位数字三种，分别用于规模大小不同的图书馆及书籍多寡不同的类里。在用来作为类的复分表时，通常只用一个字母和一至二位数字。在用著者号码表进行复分或按著者姓名排列同类书籍时，这种号码必须与主号码用小圆点·隔开。在克特看来，他的著者号码表实际上是一个按字母"分类"的号码表,是分类表的一个组成部分,可以用来表示任何按字母顺序排列的一列类目。用现代分类术语说,就是主题复分的字母顺序面。同类书籍之按著者姓名排,在克特看来,就是按著作人再行划分。给著者号是分类工作的一项内容。这种号码并非总是代表著者,而是类号的一个组成部分。后来 LC 继承了这种方法,予以广泛利用。

EC 有时还允许按全部主表系统进行复分。这同 DC 的"仿000—999 分"相同。这也是一种分面分类思想的萌芽。例如:E11—E99各国传记,可以先按体裁分,如 E45.9 英国人总传,还可以再按时代分(类号 E45.91—E45.95)和按类别分(类号 E45.9A—E45.9Y,如 E45.9L 英国科学家总传,E45.9R 英国实业家总传等等,其中 A、L、R 等字母是主表的大类类号)。ZW 专题和专类目录,也可以按主表分,如 ZWBA 东方哲学书目,ZWBAC 中国哲学书目,ZWL 自然科学书目,ZWN 植物学书目,ZWZP 图书馆学书目等等,其中 ZW 后面的字母就是各有关的主题在主表中的类号。这就进一步扩大了主类的细分。

EC 的结构和使用方法大体上就是这样。由于这个表在目前几乎已经没有什么人使用,我们就不再说它的具体实践了。

四、简短的评论

EC 当时曾被人称为最科学的图书分类法。现在则几乎没有人使用了。但它在图书分类史上是有重要地位的。它在一些重要问题上,如分类体系的理论基础、大类序、分类法的作用以及标记制度等,都同 DC 树立了对立面。他们所引起的争论至今仍然还没有解决。由于 DC 的广泛流行,EC 在图书馆界的作用没有 DC 那么大。但它是 LC 的前身。它有很多特点被 LC 继承下来,并且通过 LC 发生了影响。它还在一定程度上影响了 UDC、SC 和 BC。目前一些分类学家的主张,有一部分也可以追溯到它。但是它似乎已经被人遗忘了。最近有些外国的教科书(如密尔斯的《大纲》),已经不提到它了。

EC 的基本缺点,表现在它的编者的唯心主义世界观和资产阶级立场。EC 的体系基本上是按知识体系建立的,但是它的编者却给大类的序列编造了一套富于神学色彩的解释。这就使他所说的科学应当以自然界发展的次序为次序的话成为空谈。确切一点说,他的思想是属于十九世纪后期调和宗教与科学的一派的,而且宗教在他的思想中占了上风。克特之具有这种思想是并非偶然的。EC 产生于美国东部的波士顿。这是英国在美洲最早的殖民地之一,独立后成为美国的主要的商业和文化中心之一。在这里,宗教保守势力很强大,还保存着不少英国绅士们的信仰、思想、风俗和习惯。波士顿俱乐部图书馆就是当地资产阶级绅士们所组织的一个俱乐部图书馆,其一切设施当然要为这些绅士们的利益服务。EC 的宗教科学调和论就是他们的世界观的反映。克特出身于宗教信仰很浓的家庭。青年时代曾经想终身从事于神学研究。在这样条件之下,EC 就很自然地具有浓厚神学色彩。对于一些政治社会问题的处理,如地区表及有关阶级问题的类目,也就必然要反映出当时资产阶级的立场和观点。所谓 EC 学术性强的说法,其实质就是 EC 表达了当时美国资产阶级知识分子中间流行着的思想,合乎当时资产阶级的需要。后来 LC 以它为基础,也可以说明 EC 的体系是符合当时统治阶级上层的观点的。

EC 是专用于图书排架的一种分类法。克特的这种想法,一方面导致赫尔姆(Hulme)图书分类不同于知识分类,它应以"文献保证"为准则——有什么书立什么类的主张(见《分类法原理》一文)。另一方面,又导致分类排架与分类目录的分离,使分类法在编制目录、检索资料上的作用受到忽视。这种狭隘的分类观是实用主义的另一种表现。它既无理论根据,也不符合实践的要求。

EC 的另一显著缺点,是它并没有贯彻展开的原则。它所以名为展开制分类法,主要用意是说同一体系可以随着图书馆规模大小而逐步扩充,逐步加详。这一理想是非常好的。克特根据这种想法,制定六、七个详略不同的分类表。但是每次展开的结果,大类的符号总不免有所变动。这样当图书馆从一种表换用另一种的时候,就必需彻底更换许多书的类号。这在实际工作中很不便利。一套详略不同的表,实际上变成七种标记不同的表。类目体系虽然是陆续展开,但是标记完全不是在原有基础上展开而是重新编定。试把 EC 的几个表的大纲比较一下,就可以看出。这就违背了展开制的主要目的。我们知道,分类体系能否继续展开,主要取决于标记制度。而主要的要求,是在体系扩充之后不要改动原有的号码(除非类目关系有所变动)。这样才方便于图书馆的实际工作。DC 在这方面比 EC 便利得多。克特似乎只注意类目体系的展开可能,而忽视了类号的展开可能。其实类号如果不能展开,就失去了展开的实际意义。因为如果撇开标记不谈,任何的分类体系都是能以展开的。经常改动号码就是 EC 的缺点之一,也可能是它不能通行的原因之一。

EC 不能广泛流行的另一原因,就是它是未完成的工作。而且自从编者去世以后,他的工作无人继续下去。一个分类法不能继续修订是很容易失去生命力的。

由此可见,克特虽然在图书分类上提出了一些新的看法,但是EC 的体系,无论在基本原则上和技术处理上都是有严重缺点的。在今天看来,它只是图书分类史上一种比较重要的研究资料而已。

第四章 美国国会图书馆图书分类法

美国国会图书馆图书分类法（原名 Library of Congress Classification，简称 LC），本是专为一个具体图书馆编制的分类法。但是后来逐渐为美国国内许多图书馆所采用，而成为一种普通的图书分类法。它产生于二十世纪初年，直到目前还在继续发展着。第二次世界大战结束以后，美国一些原来使用 DC 或 EC 的图书馆也改换了 LC。使用它的图书馆绝大多数是高等学校图书馆、专业图书馆和政府机关图书馆。

一、发展经过

美国国会图书馆成立于 1800 年。它本是美国国会的附属图书馆。其目的是专供议员们立法参考之用的。后来逐渐担负起美国国家图书馆的任务。目前它是美国最大的图书馆，它的任务完完全全是为美国政府的方针政策服务。1897 年美国国会图书馆迁入新建成的馆址，同时对该馆业务进行刷新。在当时所采取的措施之中，有两件后来影响到美国全国图书馆事业。一件是发行印刷的目录卡片，另一件就是编制新的分类法。

美国国会图书馆原来所用的分类法是美国前总统杰弗逊（Thomas Jefferson）所编的分类法。这个分类法的体系是以培根的知识分类体系为基础的。到了十九世纪后期,已经不能适应当时学术的需要。该馆改组的时候,决定要换用一种新分类法,指定一个委员会进行调查研究。他们在研究了当时流行的几种分类法之后,决定在 EC 的基础上自行编制。1901 年发表了大纲。1902 年出版了"Z 目录学"大类详表。以后其它各大类也陆续以分册形成出版。到 1924 年,各大类除"K 法律"类和"PG 俄罗斯语言和文学"类外,都已先后出版。1948 年"PG 俄罗斯语言和文学"类出版,1962 年"K 法律"类出版,全部才告完成。其中出版较早的分册,已经有了修订的四版或五版。

LC 不断在继续修订。每一季度将它修改的结果,以通告形式,公布出来。分类表再版时,就将修订的结果吸收进去。六十年来修改很多,但绝大部分属于补充新类目的性质,体系上的变动很少。

LC 有一些辅助工具。(1)LC 编印的目录卡片都附有 LC 的分类号。(2)该馆于 1942 年出版书本式著者目录(167 册,包括1898—1942 年的全部图书)及其后的补充本(已出 1942—1947年,1948—1952 年,1953—1957 年三种,现在改名为"全国图书联合目录")。1952 年起,还出有该馆藏书的主题目录,其中每种书都有 LC 的类号,可以参考。(3)LC 标题表。这是该馆主题目录的标题(已出至六版)。在很多主题后面注有相应的类号,对于已知主题而不知类号的人可资参考。

直到现在这个分类法还是以分册形式发行:每一大类有一个或几个分册。各类的细分程度取决于该馆的藏书数量和内容。该馆藏书以历史、社会科学和文学为最多,因而这几类的表,就特别详细。如分册内容多的长达六七百页,少的只有二百多页。绝大多数的分册有自己的索引。没有总的合订本,没有总的说明,没有总的索引,也没有统一的编制体例。各个类表完全可以看成独立的专业分类表。所以有人说,LC 不是一个统一的综合性分类表,而是一系列的专业分类表。

二、编制原则

LC 同其它的普通分类表相比,有许多特殊之点:

1. LC 是一个完全以图书为根据而编制起来的分类表。普特南在其 1901 年的工作报告中着重指出:这个分类表不是知识分类,不追求各学科的严密科学系统。它只是企图把许多不同的类安排成便于实用的次序,"把它们看成许多组图书而不仅仅是许多组主题"。它的类目的设立和次序完全受到图书情况的制约,没有什么理论的组织原则。LC 所采取的这种以图书作为分类法的对象的原则,后来英国图书分类理论家赫尔姆称之为"文献保证"原则。赫尔姆认为这是图书分类的主要原则,因此给 LC 以很高的评价。

2. LC 是根据一个具体馆的特殊情况编制起来的分类表。普特南在上述报告中指出:"这个分类体系是比较了现行的几种分类表,并且考虑了本馆的特殊情况,它目前的和将来可能有的藏书,以及它们可能有的用途而设计的。"该馆藏书是按照自己的需要,分成几个大的部门分别储藏的,实际上是许多专门阅览室的专门藏书。因此,大类的次序对它来说不是什么十分重要的问题。也因为这个缘故,所以分类表可以长时期地一类一类地编制,而不必要求全部同时告成。

3. LC 完全是一个列举式分类表。对每个主题都给以一个特定的号码。没有任何的通用复分表。没有任何助记号。各类的组织形式完全按实际需要决定。同性质的子目,如各种工业的次序在经济类和在工艺类各不相同。甚至地区的排列、时代的分期,在各类也不一致。这不仅同 SC、BC、CC 等的结构完全不一样,就同 DC、EC 也不相同。这是造成类表体积庞大的主要原因。

4. LC 是在改编该馆藏书的过程中成长起来的,它的类目都是根据实际馆藏设立的。它的编制程序是先将每个大类规划出一个大纲,然后根据馆藏书籍加以检校、调整、补充和细分。首先是根据书籍来确定应当设立什么样细目,有什么样的书立什么样的类。其次是根据出版情况来安排类目的次序。因此所立类目都是实际有书的,书多类就分得细,少就分得略。类的次序也只要求切合图书出版的实际。这就贯彻了"文献保证"原则。这种方式先把待分类的对象——图书——进行科学的分析,然后将其结果加以综合而成体系。曾被人称之为体现科学上的归纳原则。

5. LC 采取尽可能细分的原则,类目分得极细,类系一般都很长。因此可以表示很小的主题。除 UDC 外,现行分类法没有能比得上它的。但是总的说来,科学技术这些类不及历史、文学等类详尽。

6. LC 的标记制度是字母与数字混合制。字母表示基本大类和第二级类。这些类绝大部分是传统的学科或知识部门。它们的子目用数字作标记。数字是从 1 到 9999 按数值依次排列的,即完全的序数制。基本上每一类号由两个字母和一至四位数字组成。如果加上复分号,一般也只在十个符号左右。简短性是这种制度的特点。至于类的等级,就只能从类表所用字体和缩格来表示了。扩充的办法有三种:第一,预留空号,第二,相衔接的两个数字之间,如果需要插入新类,就在前一数字后面加小数(必须用小数点)。例如:在 B415 与 B416 之间可以加 B415.1—B415.9。但是这里附加的小数不一定是,而且多半不是前一类的复分。第三,用类名的字母加在数字号码之后。在类表上用"A/Z"表示。利用这三种方式 LC 基本上可以适应增加新类的问题。

7. LC 是一个完全为图书排架而编制的分类表。美国国会图书馆没有分类目录,只有辞典式目录。分类只是为了图书的排架。所以分类虽然极细,可是对于资料分类仍然有不够的地方。它的标记制度的特点,如序数制、简短性的要求等等,也是出于排架的考虑。在这问题上,它显然是接受了克特的想法。这也是它不同于其它分类法的一个特点。

三、类表结构

LC 是一个列举的等级式类表。由于完全列举,所以体积很庞大,组织也相当复杂。全部类表分为二十九册,第一分册是全表的总纲。必须了解这个总纲,才能了解它的体系。

LC 的基本大类如下:

A	综合性著作	M	音乐
B	哲学、宗教	N	美术
C	历史辅助科学	P	语言与文学
D	世界及旧世界历史	Q	科学
E—F	美洲历史	R	医学
G	地理、人类学	S	农业、畜牧业
H	社会科学	T	工艺
J	政治学	U	军事科学
K	法律	V	海军科学
L	教育	Z	目录学

这个表的次序大体上是继承着 EC 的。它和 EC 不同之处是(1)把音乐、美术、语言和文学从 EC 的艺术部分移到社会科学之后;(2)把语言和文学合为一个大类;(3)取消宗教史大类,并入宗教;(4)扩充了历史的类号并把历史辅助科学移到各国历史之前。它的总序列是综合性著作→哲学→历史→社会科学→艺术与文学→自然科学→技术科学→图书学。

每一大类的前面有一个纲要,相当于这个类表的目录,也是它的纲领。纲领后面有时还有一个大纲,是这个类表的提要或简表。

为了显示这个分类表的资产阶级本质,现引"H 社会科学"类的纲要如下:

社会科学

H	总论	HJ	公共财政
HA	统计学		社会学
	经济学	HM	总论、理论
HB	经济理论	HN	社会史、社会改良
HC—HD	经济史	HQ—HT	社会群体
HC	国民经济、经济状况	HV	社会病态、慈善事
	(按国分)		业、慈善机关与
HD	农业与工业		教养
HE	运输与交通	HX	社会主义、共产主
HF	商业、税收		义、无政府主义
HG	财政		

这些类目完全是按资产阶级社会结构和资产阶级的反动观点安排的。这已是一目了然的了。

每类之下再分细目,有时分得十分琐碎,细目的安排大体如下:

(1)"外在"形式(期刊、词典等等)

(2)"内在"形式(理论、方法、研究与教学、历史等等)

(3)总论性著作(系统著作)

(4)总论性专题著作(关于主题的一个侧面的著作)

(5)专题著作(关于主题范围内专门问题的著作)

各种著作,以各类内容的需要为转移,有时按时代再分,有时按国家或语言再分,或者按字顺再分。但以按时代分的情况为多。这在"系统著作"类中更常见。通常以 1800 年为分期标准,但各类的分期并不一致。由于这样安排,新旧的著作或者各国的著作都可以分开。

现摘录片段如下:

H	社会科学
HA	统计学
HB	经济理论（政治经济学）
HD	经济史：农业及工业
HD101—2200	土地与农业
HD101—1130	一般问题
HD 1141—1399	土地
HD1405—2200	农业
HD2321—9999	工业
HD4801—8940	劳动
HD4906	工资
HD4918—4924	最低工资关于各行业和各工业，见 HD 4966
HD4966	按行业分 A/Z，每类下面再分：
	（1）总论
	（2）各国
HD4971—5100	按国分用表 V，每类下面再分：
	4 个号的　一个号的
	（1）.A1—5 官方文件
	（2）.A6 法律
	（3）.A7—Z8 历史等问题（按著作人姓名排）
	（4）.Z9A—Z 地方的
HD5102—5104	小费（与工资并列的另一个问题）等等。

在这里"小费"居然列为一个专类，而且占用三个类号（即三小类），资产阶级轻视劳动人民的面目暴露无遗了。

LC 类表的结构形式大体上就是这样。

LC 在类目安排上有很多特点,现在简单地谈一下。

1. 每类都以期刊等等形式上的综合性出版物开头。这和 DC、EC 都不同。它们在每类起头的地方都是有关这个类的全面系统性著作,然后才是形式上的综合性出版物。LC 却把全面系统的著作放在这些出版物之后,使这些形式类目具有位于类的最前面的作用。这种办法对于在书架上区别一个类与另一个类相当醒目。后来 BC、CC 都采用这个办法。

2. LC 虽然把历史和地理分为两个大类,但是在地理类内不收关于一国或一地的地志和游记,也不收经济地理和商业地理。前者分别归入 D、E、F 各国历史;后者与经济史一同归入 HC 各国经济。在历史类内,各国历史先列出通史、专门史、断代史,然后列出全国性的地志和游记,最后是地方史地。关于一个地方的历史和地志都并在一处不再加以区别。

3. 传记分散各类。历史辅助科学大类内虽然列有 CT 传记的专类,但是这个类只收综合性的总传。凡是专业性的总传都归入专科的历史,如数学家总传归入数学史,文学家总传归入文学史,等等。个人传记也按传主(被传人)的专长分入有关的类,如牛顿传记入物理学史,亚当·斯密传记入经济学史等等。不能归入一定门类的特殊人物或无从判明其专长的人物就都归入相应国家的历史。总之,LC 对于传记是以分散为原则的。但是在 CT 类也设有交替类目,以供愿意集中传记的图书馆之用。

4. 语言文学类是全部类表中分得最细的一类,但是结构相当混乱。它的大纲大致如下:

P—PA	比较语言学、古典语言学与古典文学
PB—PH	近代欧洲语(只收语言学)
PJ—PM	亚、非等洲的语言和文学
PN	文学一般:文学史、文体各种、新闻学等
PQ—PT	近代欧洲语(只收文学)

PZ　　　　英文小说、儿童读物

这个体系的不合理,是一目了然的。为什么许多语言和文学都集中一处,而近代欧洲的语言和文学要分开而且相隔这么远呢? LC 每种文学分得很细。以 PR 英语文学为例:

PR1—56　　　　形式上综合性著作(期刊等等)

PR57—79　　　　文艺批评

PR81—479　　　　文学史(按时代分)

PR500—976　　　　文学史(先按体裁分,再按时代分,每
　　　　　　　　　　代又按形式分,即各体文学史)

PR1101—1369　　　总集(先按体裁分,再按时代分)

PR1501—6049　　　各个作家及作品(大体上先按大时期
　　　　　　　　　　分,再按姓名分)

　　在作家和作品类里又分出全集、选集、译本、个别著作、传记、评论等等,而个别著作又可以按一个附表细分。这样就收集了每一作家的全部作品(现代小说除外,入 PZ3)以及关于他的传记、评论、研究等等。对于一些比较著名的作家,甚至每种著作的每一版本都给有专号,因此,类目虽然分得很细,但号码却很简短。但是由于对每一作家给以一定数目的号码,很难保证分配适当。有些作家本来只占有一、二个号码,可是后来忽然出了名,关于他的著作多了,他的著作的版本也多了,只好在原有号码后面加上种种附加号。这就使得号码变得臃肿复杂起来了。

　　5. LC 没有共同复分表,但是在每个大类里几乎都有一些大大小小的专用复分表。这种表只能应用于指明的类目下面。表的形式也不一样。有时附在类表的后面,如"HD4971—5100 工资:按国分"的表 V。有时采取注释的形式,印在有关的类下面,如上面所引"HD4966 工资:按行业分"的注。利用这些表,可以达到极其深入的细分。这些表的构造很不一致,用法也很特殊。我们将在下一节里再为解说。

从上面所说看来,LC 类表的结构是很复杂的。

每个大类的类表后面都有索引。索引的范围基本上是本类范围内的主题,但有时也收入一些与本类有关而归入它类的主题。索引的编制大体上采取相关的原则,可是编制并不仔细,遗漏相当多。

LC 没有总索引。因此不能完全在索引里集中关于同一主题而分散在不同大类的资料。但是有一个大约相当于总索引的工具,这就是国会图书馆的标题表。很多标题后面注有相应的分类号,知道主题而不知道类号的时候,可以根据它查阅类表,进行分类,或查阅书架上图书。标题表按字顺排列,所以大体上能够集中同一主题的不同方面的问题,因而起了一定的索引作用。

LC 的注释主要是类目下面的定义或解释、参照,及关于复分方法的指示。后出的表在这方面比先出的要更完善一些。总的说来 LC 的注释不如其它分类法多。

四、分类实践

在使用 LC 时,正如使用 DC 或其它分类法一样,首先要决定待分的图书的主题应归属于什么大类。为此,必须掌握它的基本体系和各大类的范围,以及在配置上的一些特殊情况。

(一)一般程序

在明确了应当归属的大类之后,就要在类表纲要或大纲里,查出它所应归属的二级类以及在二级类的什么部分。然后在详表里依照从属关系逐步推下去,找到最恰合本书内容的类目。如前所说,LC 的类目从属关系只能从类表的字体和缩格看出来,所以必须细心以免错误。在查明从属系的时候,应注意发现其每度划分的原则。例如:"十九世纪英国抒情诗史"的号码是 PR599.L8,其类系是:语言与文学——近代欧洲语——英语文学——史——诗——十九世纪——各体诗——抒情诗。

在确定一个主题的类号时,首先应注意类目下的注释。例如,在"HD4918—4924 最低工资"下注"关于各工业和行业,见 HD4966"后面这个类是各行业工资。它下面注明要先按工业分,再按国家分。因此"日本纺织业的最低工资"这类主题就应归入 HD4966。其类系就是社会科学——经济学——经济史——工业——劳动——工资——纺织业——日本,而不归入最低工资类。它的类号就是 HD4966.T42J3。其中 T42 是纺织业的号码,J3 是日本的号码,都是按字母取号的(见下文)。这个例子也说明在 LC 里虽然可以集中一种工业或行业的工资问题的资料,但不能集中最低工资问题的资料,也不能集中一个国家的各行业工资问题的资料。

其次,是寻找相似的例子。例如,牛奶消毒器这个主题有两个地方可以位置"SF247 牛奶业——机器"和"SF259 消毒"。但是在 SF247 注明"比较 SF263 搅奶器"。翻出 SF263,就可以看出搅奶器是从属于奶油业的,也就是说,设备是从属于工艺过程的。因此,牛奶消毒器应归入 SF259,即从属于消毒过程。

其次,还可以利用索引。例如:行星上的大气这个主题在表上有两个可能的位置:"QB603 行星——其它问题,如密度、自转等"和"QB505 太阳系——物理状况(如大气等)"。索引 Z695 指明,"行星的大气 QB505"。这就规定了它的位置。

如果上面这些方法还不能决定一个主题的类号的时候,就应按照图书分类一般原则来处理。例如:在大类"Z 目录学、图书馆学"里,Z675.S3 学校图书馆,Z691 小册子、剪贴资料等,Z695 编目法。但是关于学校图书馆的编目法和学校图书馆内小册子管理法等问题应怎样归类就没有说明。也就是,由图书馆的类型同图书馆藏书类型或者工作程序组成的复合主题,究竟应当怎样归类,没有明白规定。在这里只有按照一般分类规则——优先考虑具体对象——归入学校图书馆,即先按图书馆类型分。其它类似的主题也就可以同样处理。

(二)号码组配;地区表的用法

在应用 LC 的时候,要特别注意它的附表的用法和类号的组合方法。这两者是密切相连的。因为附表的用法主要就是把附表里的一段号码嵌到主表的一段空白号码中去。

LC 的附表,如前所说,有几种形式。第一,附在详表卷末或插在中间的单独的表。这主要是地理表,有时是地区下的专题复分表。这种地理表不同其它分类表的地理表。它不是给一个地区以一个固定的号码,如 DC 里英国永远是 42,法国永远是 44 那样。它只是在类号的序列里为地理区分留出一定数目的号码,再把这些号码配给各个国家。这个数目在不同的类里是不同的:多的可能占八百乃至一千个号码,少的就可能占一百或二百个,有时甚至只占一个。同一国家在不同的类里所占号码的数目也可以不相同,有时只占一个或两个,有时可占十个,二十个。H 社会科学类的地区表是很典型的。现节引一段,并略加解释以示例(见下页):

这表的最上面的罗马数字是表的次序。这里一共有十个表。哪一类用什么表都在类目后面注明。如"HD4971—5100 工资"注"按国分"用表 V。表内第一排圆括弧的数字表示类号序列内供地理区分用的类目总数,如 HD4971—5100 共 130 号,即第 V 表规定的总数。第二排括弧内数字表示每个国家在那个总数内所占号码的数目。如第 I 表每地区各占一个号码,第 II 表各占两个等等。第 V—X 表把各地区分为两类或三类,如在第 V 表内,有的占一个(如希腊)有的占四个(如英、法、德),第 VIII 表内则有的占十个(如

I	II	III	IV		V	VI	VII	VIII	IX	X
(100)	(200)	(300)	(400)		(130)	(200)	(830)	(840)	(420)	(1000)
(1)	(2)	(3)	(4)		(1;4)	(2;5)	(5;10)	(5;10;20)	(5;10)	(5;10)
42	81	122	161	欧洲	44	52	281	271	136	421
43	83	125	165	大英王国	45—48	54	291	281	141	431
44	85	128	169	英格兰		60	301			441
45	87	131	173	苏格兰		62	311			451
46	89	133	177	爱尔兰		64	321			461
47	91	136	181	奥·匈	49—52	66	331	301	151	471
48	93	139	185	法国	53—56	70	341	321	161	481
49	95	142	189	德国	57—60	75	351	341	171	491
50	97	145	193	希腊	61	80	361	361	181	501
51	99	148	197	意大利	62—65	85	371	371	186	511

希腊)有的占二十个(如英、法、德)等等。有的地区在某些类内不用作区分标准,就在相应的表内不给予号码,如第Ⅴ表及第Ⅷ第Ⅸ表内的英格兰、苏格兰等。这十个表代表着 H 类内十种不同的地理区分方法。各个地区的划分不仅详略不同,有时次序也可不一致。总之,地理号码的分配,是以需要按地区分的类的性质为转移的,绝不强求一致。

在应用地理表时,必须领会表中同地名相应的数字不是地区的代号,而只意味着那个地区在所分配的那段地理类目中的第几个。例如,大英王国用第Ⅰ表时是第四十二个,用第Ⅴ表时是第四十五至四十八共四个号,用第Ⅹ表时是第四百二十一至四百三十共十个号等等。因此,不能像 DC 和 EC 那样把与它相应的号码加在原来类号后面以构成地区复分。它必须从类表所规定的那段号码数目里推算出来。例如:类表所规定 HD4971—5100 是各国的工资问题,用表Ⅴ所以"英国的工资问题"的号码是从 HD4971 数起的第四十五个至四十八个,也就是 HD5015—18,然后再按四个号码的复分表分配;同理,希腊的工资问题只是 HD5031 等等。这里可以有个公式:假使类表规定的号码起点为 A,所求地区在地区表中的位次为 B,所求的地区号码为 C,则 A—1 + B = C。

其所以配给每一地区不止一个号码的原因是为了在地区下面可以再继续划分。配给两个号码的就是可以再分两类,三个号码的再分三类,如此等等。如果只配给一个号码,就要用字母复分。这时一般要再用一个小型复分表。例如,HD4971—5100 下面有一个小表(见前引),按照这个表,凡占用四个号码的国家,应照第一行括弧内数字所指示的次序给号,即第一个号码是官方文件,第四个号码是各地方情况等等;凡只占一个号码的,就要按第二规定,用字母及数字作复分标记。因此,英国工资的法规是 HD5016,一般性著作是 HD5017,再按作者姓名分,曼彻斯特的工资问题是 HD5018M1(M1 是曼彻斯特的代号),而希腊的工资法规是 HD5031. A6，一般性问题是 HD5031. A7/. Z8，按作者姓名分，雅典地方的工资问题是 HD5031. Z9A8（A8 是雅典的代号）。

（三）字顺排列

在 LC 里，按地区复分时，有时不用地理表而完全按国名或地名字母顺序排。在一个国家内按地区划分类目时，更经常是这样。在这种情况下，类目下面注明"按国家，A—Z"、"按州别，A—Z"等。这时往往有一个按字顺排的国家表或地名表。如 H 类后面有各国名称的字顺号码表，美国各州、各都市字顺号码表等。这种号码可以加在原来号码之后。如果没有规定的表，就从克特著者号码表中采用。

LC 里用字顺排列的，除国名和地名外，其它类目很多，但是作用和意义不完全一样。总的说来，共有五种。（1）同类号不同著者的书按著作人姓名排。这是同类书籍的正规排列方法。这时取克特著者号码表（通常用一个字母和一位数字）的号码加在原号码后。LC 正如 EC 一样，把著者号码看成分类号的一个有机组成部分，绝大部分的书要用著者号。在有些类里面，比如，注明按年份排或按书名排的类目，一般可以不再加著者号。（2）按地区名称排列，如上所述，有的按国家名称，有的按州、省等名称或都市名称，有的按山名、水名等等。这时，往往有一个专用的表附在类表后面或中间。如果没有，也按克特著者号码表取号。（3）按事物名称排，如哲学上的各种体系，经济中的各种工业，手工业和商业，各种产品，各种不太重要的农作物等等，这些也往往列有专表。如果没有，也用克特著者号码表取号。（4）有些问题的专题研究也依其名称按字顺排。这就要以其名称按克特著者号码取号。（5）特别规定用字母作标记的，如.A1 期刊，.A2 年鉴，.A3 会议等等；又如"HD4971—5100 工资：按国分"下面只占一个号码的国家的复分表等等。后面这种情况通常要兼用几种分类标准。例如，在所

70

引的那个小表里,. A1—. A6 是按形式分的, Z9A—Z 是按地区分的, 而. A7—Z8 则意味着图书的著者号。应当看到, 所有按字顺排的专表都是以克特著者号码表为基础而编制起来的(通常一个字母带一个数字), 表中所缺名称可以按克特方法补充。因此, 新出现的问题也容易得到分类号。

(四)其它复分表

按字顺排列之后还可以再按内容复分。如 HD4966 工资:按行业分, A—Z。这里还可再分总论及各国两类, 而国家又只能按国名排。例如, 煤矿工人工资问题的号码是 HD4966. C6。这里的 C6 是英文煤矿一字的克特号码。其总论的书是 HD4966. C6A1—A6, 专论一国的书是 HD4966. C6A8—Z。因此英国煤矿工资问题的号码是 HD4966. C6G7。G7 是大英王国的号码, 取自 H 类末的国名字顺号码表。

此外, 在各类里面还有许多专用的复分表。如 HD9000—9999 各种工业和手工业, 有三种不同的复分表; Z5001—8000 专题目录, 也有三种不同的复分表。这些都只能适用于指定的类目。

LC 的复分表是十分复杂多样的。

五、简短的评论

LC 是一部为具体的图书馆编制的分类法。它是根据实际藏书编制的。由于有相当充足的文献保证, 在图书馆实践中起了一定的实际效用, 因此, 在欧美图书馆界经常被引用来作为所谓实用分类法的成功范例, 认为它是一个有实用价值的工具。

LC 基本上接受了并且发展了克特的思想。克特本人曾经参与了这个分类法的规划工作。前面已经指出, LC 的体系, 它的基本大类及其序列,是以 EC 为基础的。它还在别的许多的地方采用了克特的意见。例如,序数制的标记,大量利用字顺排列,同类书籍的书次号作为分类号的一个组成部分等等。废除通用的形式复分表也与 EC 的第七表有关。更重要的是它发展了克特的分类的主要用途是排架而不是目录组织的思想,在美国确立了分类目录不如字顺主题目录或辞典式目录的传统,导致了忽视分类法的系统组织知识的作用。它放弃了克特以及许多分类学家所主张的图书分类必以知识分类为基础的说法。由于它的目的仅仅在于图书排架,它认为分类法的对象仅仅是图书,因此在类目体系里设立了比较大量的以图书的物质的或外在的特征为分类依据的类目。例如,著作的年代,著作人的国籍,"小册","杂件"等等。这些都是 LC 不同于其它分类法的地方,都是它的所谓实用的表现。

它的一、二级大类虽然多半采用传统的学科名称,但并不完全受学科领域的束缚。大类的领域主要取决于该馆的实际需要。由于该馆藏书是分门组织的,在一门的范围内尽量求其全备,因而许多类的内容都互相交叉,交替类目和参见类目因此比较多。这对于专业图书馆是比较适宜的。所以在美国许多专业图书馆也采用它。

它的标记制度放弃等级制而采用序数制,曾经为人所不满。但是类目详细而类号比较简短,这在排架上收到很大好处。它所采用的扩充类号办法(留空号,加小数及用字顺排列),在今天看来,反而比等级制更合乎某些人的要求(参看本书第九章第四节)。但是由于序数制不便于伸缩,所以一个图书馆如果想在分类上随着图书馆的发展而逐步由简到详的话,就不得不时时改编号码,不像等级制那样可以在原号码后面增加。要么全用它,要么就不用,不便于简化。

但是由于采用列举的编制方式,而又分得极端详细,因此,它的类表体积就特别庞大。虽然如此,它还要不断地增加或修改新的类目。这就说明了列举式的分类表是无法满足长期需要的。它采用的按字顺来排列主题的方法虽然可以适应随时出现的新问题,但是往往破坏了分类的系统性。为了节约篇幅,它设计了许多专用复分表。这样虽然可以减小一些体积,可是把类表结构和类目号码都弄得很复杂,使用上并不便利。

LC 也像 DC 和 EC 一样,有着根本性的错误和缺点。它充分暴露出资产阶级的立场和观点。

它产生于二十世纪初年,正是美国大力向外扩张的时代。而国会图书馆又是一个国家图书馆,必须经常为政府各部门提供制定方针、政策、计划、办法等等需要的资料。因此,这个分类法就必然是一个为美国政府服务的分类法。它的类目体系必然要以美国利益为中心。对于美国文献以及其它各国的官书,对于同制定政策有密切关系的历史、地志、民族、社会、经济、法律、军事、文化等书籍,图书馆里搜罗得特别多,类目分得特别详细,而且都是以美国的观点来看待这些问题的。它对许多类目的配置,特别是在社会科学范围内,许多是歪曲了客观的事实,例如对于阶级和阶级斗争不是看作社会结构和发展的普遍规律,而只看作经济范围内劳动问题之一。对于社会主义、共产主义不是看作社会发展史的必然阶段,而是和无政府主义、工团主义等并列为社会学学说之一。对于无产阶级专政不是看作社会主义政治的基本制度,而是看成集权政治的形式之一。这种例子可以举出很多。因而这个类目体系,特别是社会科学部分,是资产阶级的观点。

LC 的体系还有另外一些不合理的地方。前面已经指出,在文学和语言大类里对文学和语言的关系处理不一致。此外,经济类里面经济问题和各种工业的结合是十分分歧的。例如:"HD4918—4924 最低工资"类只能按地区复分,而不能按工业复分;"HC4966 工资"则可以先按工业及行业分,还可以再按地区分。这样就造成两者的不一致。与此同时,像"日本纺织业最低工资"这样的主题也不得不归入 HC4966,而和最低工资的一般资料隔开,也和日本全国工资问题的资料隔开。又如历史类里专门史和断代史分为两类,但没有结合的办法。一个时代的专门史在表中往往没有一定的位置可放。自然科学和工艺学两大类都得相当简略,而且在许多地方滥用按主题字顺的排列方法,如 QD281有机化学:各种专门操作方法,TK7800—7882 电子管学,TL570—578 空气动力学等等。这就破坏了这些学科的系统性。至于把心理学归入哲学大类,把统计学归入社会科学,都反映了资产阶级的陈旧观点。而把体育(原表作竞技和游艺)与地理及人类学合为大类更是毫无理由的杂凑了。

　　LC 的号码分配也不够合理。LC 的号码幅度是非常大的,它共有$(26 + 26^2) \times 9999 = 6,019,378$个六位以内的号码可供分配。既然采用了序数制是有足够的余地的。但是它既放弃了几个字母不用,而在有些类(E、F)内又不用第二个字母,Q 类绝大部分只用三位数字,这就大大减少了实际可供分配的号码幅度。结果有些小类便不得不用按字母的复分号,甚至要用到两次(如"HD4971—5100 工资:按国分"里面的一个号的地区的按地方区分 Z9A—Z)。这就把号码弄得复杂起来,变得不必要的冗长。所以 LC 的标记也有它的缺点。

　　总起来说,作为专供美国国会图书馆的实用图书排架制度来说,LC 是大体上符合其目的的。但是作为一种普通图书分类法来看,它的条件是不够的。美国的观点,特定图书馆的需要和缺乏统一的结构规划,使得它不能适应美国以外的图书馆之用。

第五章　通用十进制图书分类法

通用十进制图书分类法(或译国际十进分类法,原名 Un -
iversal Decimal Classification,原义是"世界通用十进制图书分类
法",以下简称 UDC),是现在世界上某些国家用来组织文献资料,
特别是科技文献资料的一种分类法。在资本主义世界,流行之广
仅次于杜威十进分类法。它是在杜威十进分类法基础上发展起来
的,到今天已经和杜威原法的精神面貌很不相同了。

一、发展经过

1890 年比利时的拉芳田(Henri La Fontaiuc) 和奥特勒(Paul
Otllet)在布鲁塞尔组织了一个"社会政治研究会",其中设有书目
组,目的在于编制全世界社会政治科学专著和论文的目录。1893
年在此基础上成立了"国际社会学书目组织"。1895 年召开了第
一次国际目录学会议,决定编辑一部《世界图书总目》并成立"国
际目录学研究所"来承担这任务。他们考虑到这部目录的分类法
时,决定采用 DC。其理由是(1)DC 以类号代表类名,能为一切民
族所了解,不受语言文字的限制;(2)DC 的标记符号完全以各国
通用的阿拉伯数字组成,是唯一的国际语言;(3)所采用的十进原
则或者说小数原则,具有无限扩充的可能,适合日益增长的科学的

需要。而且当时 DC 已出到第五版,是当时最成功、最有名的图书分类法。但他们也认识到 DC 的类目对资料分类还不够详细,必须予以扩充,而且类目也特别偏重美国观点,不尽合其它国家之用,必须予以调整。因此,在商得杜威同意之后,便着手加以修改。

经过几年时间,在许多目录学家和科学家参加之下,陆续出版了几种十进法简表和某些学科专用类目表。1899 年在巴黎目录学会和法国物理学会的帮助下,用法文出版了《物理科学卡片目录手册》,第一次采用·(圆点),:(冒号),—(短划),=(等号),()(圆括号),〔〕(方括号)等等符号作为进行细分的标记。这是 UDC 现行标记制度的开始。以后,按类别陆续出版,到 1905 年共出了 35 个分册,1905—1907 年汇编为《世界图书总目手册》,是为 UDC 的国际第一版。

在 1904 年,他们曾向美国图书馆协会建议合作,但没有得到同意。1907 年后,荷兰的杜维斯(F. Donker Duyvis)加入了编辑部,负责精密科学和技术科学部分,而由拉芳田和奥特勒负责社会科学和人文科学部分。1924 年与 DC 编辑部达成协议,双方尽量设法调整分歧。这样,到 1927 年,出版了初次以《世界通用十进制图书分类法》为名的法文本分类表,1933 年又出版了索引和补充表,才全部告成。这是 UDC 的国际第二版。这时,欧洲各国专门图书馆采用的渐渐加多。UDC 已经由一部目录的分类法发展为通用的分类法了。1928 年德国国家标准委员会内设立了图书馆、图书、杂志国定标准组,决定采用 UDC 为图书分类的标准。1934 年开始出德文本,中间因第二次世界大战停顿多年,直到 1951 年才陆续完成,是为国际第三版(德文,DK)。1936 年英国国家标准局决定采用它作为国家标准,开始出英文本,是为国际第四版。1940 年法国开始出法文修订本,是为国际第五版。1951 年日本开始出日文本,是为国际第六版。1955 年西班牙开始出西班牙文本,是为国际第七版,1961 年葡萄牙和巴西两国图书馆界合作开始编译葡文本,是为国际第八版。现在德国又在重行修订,但至今才出了"5 自然科学"一册。苏联于 1963 年起开始编译俄文版,已出了两册。每种版本都包括着到出版时为止的修改和补充。因此,内容都不完全相同。事实上,第四版以后各版都未出齐,故目前最完整的版本仍只有第三版德文本。

中国科学技术情报研究所也组织力量编译了(简本)和"自然科学"、"应用科学"两大类的(详本)中文本。

此外,还出版有简表。简表在外国有英、德、法、日、芬兰、荷兰、意、波、葡、捷、罗、瑞典、西班牙及最近苏联的俄文本,共十四种。1958 年还出版了德、英、法三种文字对照的简表。各种简表内容并不一致,大都是各国文献工作界根据本身的需要从详表中摘录出来自行编订的。

最近的趋势是出版一些专业用的分类选表。这种选表是以 UDC 原表中一个类为主而把原来散在各大类的有关类目集中在一起编成的。如瑞典的建筑科学研究所和国际文献工作理事会共同选编的《建筑专业分类简表》就是一例。

UDC 是在经常不断的修订和补充之中的。自创始以来,就由国际目录学研究所的一个委员会负责修订和补充。这个研究所于1930 年改为"国际文献工作研究所"。1938 年又改组为"国际文献工作联盟"(或译作"资料管理国际联合会",原名 Federation International de Documentation,简称 FID);同时,承认 UDC 为国际文献工作的标准分类法。在这个联盟秘书处之下设有"分类法中心委员会"和"UDC 编辑委员会",其下又设有各种专科分类委员会。在加盟各国的"文献工作学会"之下设有分类法小组。凡是对UDC 有修正或补充的意见,送达中心委员会,经其研究,认为合理的,就以"提案通告"的形式送交各国分类法小组。如果四个月内没有异议,就算是通过。如果有修改,就由中心委员会考虑改订后,再以"修正提案"形式发送各小组。如果没有异议,就发表在每半年出版一次、每三年汇编一次的补充表内作为定本。这种集中的修改就使得 UDC 基本上能够不断的修改，而不致在类目上发生分歧。

然而 UDC 在修改的时候，正如 DC 一样，遇到了一种矛盾。这就是：尽量保持旧号码呢，还是按照科学要求予以变更呢？显然，两种办法都有困难。委员会只好采取折衷的办法：即是原来类号和类目的意义可加以引申和限制以容纳新主题、新概念，但不能改变（即不能改为别的类目）。如果非改不可时，新号码必须是原来没有用过的，而与此同时，旧号码则规定十年之内不再使用（最近已放松限制）。他们认为有十年之久，凡是用旧号的图书馆总可以完全将它改为新号码了，因此十年后，有需要时，可以用旧号来表示新概念、新类目了。

UDC 对不断修订虽然十分注意，但由于规定的过程非常缓慢，依然跟不上学术发展的速度，许多类目的概念和关系变得相当陈旧，在这方面受到不少责难。

UDC 是一部综合性分类法，既可用于成册的书，也可用于杂志论文、书中章节、档案文件、特种技术资料、零星剪贴，乃至物品、标本、模型、仪器等等。它的目的是提供一个包罗万象的组织系统，但是在目前，一般图书馆采用它来处理图书的很少，专业图书馆采用它的比较多。还有一些科学技术情报机关用它来组织它们所出版的情报出版物中的资料，如文摘、索引卡片等等。

二、基本原理

UDC 的基本原理是和 DC 相同的。它也像 DC 那样，自称为一种实用的分类法，没有什么哲学理论作为体系基础。如英文本简表《导言》所说："UDC 本质上只是用数字编制资料代号的一种实用的系统,其目的是使任何一项文件,只要经过正确的编号和排档,就可以不管从什么角度立即查列。不应该把它看成哲学上的知识分类,类目的次序也并非首要的。对于一种科学的分类法说来,比较有重大关系的是加入了杜威原法里所没有的一套辅助性联系和关系符号,从而使得 UDC 具有真正的'普遍'意义,就是说,它能够把基本号码按任何需要组合起来或加以变通来明确指出任何最复杂的主题。"这样,就把分类法的系统组织作用变成了指示主题位置的索引作用,把分类变成了文献主题的号码翻译了。

在组织类表时,英文版简表《导言》宣称遵循着三条原理。第一,它是一个严格的分类体系,它以概念内容的分析为基础,把相关的几个概念或几组概念联系起来,避免了字母顺序或其它排列法所常见的那种任意的、人为的组织。第二,它是一种普遍性的,即包罗万象的分类体系。因为它包括着全部知识领域,并且是"把有关联的主题结合起来的一个完整的形式,而不是把许多孤立的、自足的专门分类表拼合起来的杂缀"。第三,它是一种普遍性的十进分类体系。因为它根据从一般到特殊的原则把全部知识分为十门,每门又按十分原则逐步细分到必要的程度。它用世界通行的数字作为标记,不像字母或其它符号受有限制。按照英文本编者的说法,UDC 具备这三条原理,因而就定名为《世界通用十进分类法》(UDC 原文的意义)。

UDC 的十个基本大类完全和 DC 相同,我们在这里不去征引了。但是在今年(1964)年,它决定废除 4 语言学类而把它全部并入 8 文学类。4 类作什么用还不知道。这样一来、它就放弃了 DC 的体系了。它废去 DC 以三个数字作基数的标记法。它用数字 0 到 9 分别代表十个大类。以下逐级细分,每细分一次,就在原号码后面加上一位。所有数字都作为纯粹小数。在数字每达到三位以上时,用小圆点隔开(有一个例外见下文)。现在节引一段以示例:

6	应用科学
62	工程学,技术
621	土木工程
624.1	基础、土工、下部建筑等
624.13	土工
624.131	土壤力学,工程土壤学
621.131.4	土壤性质
624.131.43	土壤的物理性质和力学性质
621.131.431	土壤的相状和结构
621.131.431.1	颗粒比重
624.131.431.2	密度

UDC 还采用了许多辅助表和特别符号来作为类目的细分方法,从而达到了类号组配来表达主题内容的地步,体现了分析兼综合的原则。这就使它同 DC 有很大差别,将在下一节内再为申说。

三、类表结构

UDC 的分类表有主类表、辅助符号和辅助表。

(一)一般结构

1. 主类表包括着全部知识的系统分类所产生的全部类目及其号码。每一号码代表一个类,如上面所举的例。这是分类表的基本部分,采用列举的方式,可以用来独立处理图书资料。

辅助符号和辅助表则用来作为主类号的细分。辅助符号和辅助表,必须附加在主类号才能发生作用。

2. 辅助符号有三类:

第一类是扩充符号。这又有两种:并列符号和连续符号,即 +

和/。并列符号"＋"是用以联接两个或两个以上的不连接的主号码的。一件资料涉及两个或两个以上不连接的门类的时候,就将这些号码用＋号联起来。例如:

622＋669　　　采矿与冶金

54＋66　　　　化学与化工

59＋636　　　动物学与畜牧学

连续符号/是表示从…到…的,用于包括着几个相连的并列类目的资料。如有一本讲地球卫星、行星、流星及彗星的书,就把最前类目的号码和最后类目的号码用/号连接起来,这本书的号码就是523.3/.6(彗星号码523.6的前三位可以省去),因为在类表里,卫星、行星等等号码是挨次相连的。在使用扩充符号时,要以在分类表中数值较小的号码居前。又如有一本讲轻工业的书,就可以用67/68为类号,因为表中没有轻工业类,轻工业分散在67和68两个类里。这两种符号都可以用关系号(见下)代替,而且不如关系号灵活,所以在近来的文献工作中,都不大使用。

辅助号第二类是关系符号,即:。这个符号的用途最广,用以连结两个或两个以上大致同级而又互相关联着的类。例如:

31:63　　　　　统计学在农业中的应用

536.33:535.34　热辐射的吸收作用

543.42:669.14　钢的光谱分析

由于这个符号的使用,当一件资料的作者无论从什么角度来阐述他的主题或者把他的主题任意和别的主题联系起来作为他著作的题目的时候,都可以应用这方法编成新的号码。分类表的使用能力,可以说无限制地增加了。

凡是必须互见的资料,都可以用＋号或:号表示其类目。只要在这个扩大后的号码里,把前后两个号码互换地位,如622＋669探矿与冶金可以写成669＋622,就可以排在冶金学类里;31:63农业统计可以写成63:31,就可以排在农业类里。这只要把需要互见的资料制成相应数目的几张卡片,分别写上次序不同的号码就可以了。

辅助符号第三类是个体排列号,即字母排列法。凡是个体的事物,如个别的人物,产品的牌号,物件的品种,只要在一个类中需要加以区别的时候,都可酌量使用。这时要以个别人物或事物的名称,或其前面的几个字母,有时连同非小数的数字,加在主类号之后。例如:629. 114. 6IfaFq 即 IfaFq 型乘客汽车;53(092) Einstein 即爱因斯坦传记。

3. 辅助表有两类:一般辅助表和特殊辅助表。一般辅助表也称通用复分表,共有六种。这些表原则上适用于主表的任何类目。它们都是带有特别符号的数字,各有规定的用途,必须加在主号之后,是主号的细分方式。现在略加解说。

(1)通用语文辅助号,用 = 号后加数字表示。它是用以表示主类号所代表的文献用什么文字写的。数字是由基本大类 4 语言学的子目省去第一位数字 4 而成的。它的构成方式是在主号后面写上 = 号,再加上语文号。例如在 4 语言学大类里,中文是495.1,俄文是 482,那末,一本热辐射吸收作用的书用中文写的就是 536. 33:535. 34 =951;用俄文写的就是 536. 33:535. 34 =82。这种符号只在需要极细的区分时才用它,由于书中文字在大多数情况下可以从书名中认识到,所以一般都不使用这个符号。

(2)形式辅助号,也称类型复分号,加在主号之后,用以表示资料的写作或出版类型。其符号是(0…),其中…要用数字代替。UDC 对于形式的细分列有专表,其大纲如下:

(02)	系统编排的书籍、一般图书、手册等。
(03)	字顺编排的书籍、字典、百科全书等。
(04)	论丛、论文集、小册子、讲演记录、学位论文、信件、报告等。
(05)	期刊、杂志、评论、年鉴。

（06） 学术团体、学会、协会出版物。

（07） 教科书、读本、初学或入门书籍。

（08） 丛书、全集、选集、图表、特种资料等。

（09） 历史性与法律性著作，史料等。

每类又有细分，如：

（08） 丛书、全集、选集、图表、特种资料等。

（081） 个人自著的

（082） 几个著者的

（082.1） 丛书

（082.2） 选集、摘录

（083） 配方、表、公式、数据、标准、规划、目录、计划

（084） 图像资料

（084.1） 图像、照片、胶卷等

（085） 企业出版物、产品目录等

（086） 特种资料

（086.3） 显微镜标本、切片

（086.4） 地球仪、天体仪

（086.44） 立体地图

（086.5） 模型

（086.7） 唱片、录音带等

（088） 专利、商标等

使用时，直接加在主类号之后。例如：

33（03） 经济学词典

53（05） 物理学报

53（092） 物理学家传记

58（021） 植物学手册

（3）通用地区辅助号，其符号是（…），其中…要用数字代替。
地区的数字符号也列有专表，其大纲如下：

（1）　一般性地区

（2）　自然地理

（3）　古代世界（公元 476 年以前）

（31）　古代中国与日本

（4/9）现代世界（公元 476 年以后）

（4）　欧洲

（47）　苏联

（5）　亚洲

（51）　中国及其邻邦

（510）　中华人民共和国

（511）　中国东部与东北

（518）蒙古人民共和国

（6）　非洲

（7）　北美洲

（8）　南美洲

（9）　大洋洲、两极地区

地区符号用以表示资料主题所论述的地点或地区。如：

91（51）　中国地理

385（51）中国铁路系统

地区符号还可以用扩充符号或关系符号联接起来,如美洲（包括南北美）就用(7/8),英国同美国一道就用(41＋73),中苏关系就用(51:47)等等。

（4）通用种族和民族辅助号,其符号是(＝…)。这种符号用以表示资料内所涉及的民族或种族,它们是以通用语言辅助表的号码加括弧而成,因为语言辅助表所依据的语言类别是依照民族区分的,所以就用语言代表有关的民族。例如:古代中国人的化石可以用 568.9(＝951)。

（5）通用时代辅助号,其符号是"…"。这种符号用以表示资料中所涉及的时代,即在引号内写出主题的时代或日期的号码。时代的符号也有专表。世纪用年份的百位以上的数字表示。公元前的年代,用数字前加一号表示。包括数世纪或几个时代的用/号表示起止的时期。例如"5"即第六世纪,"18/19"即十九世纪至二十世纪,"—2/+12"即公元前三世纪至公元后十三世纪。十年间用年份前三位数字表示。"193"即二十世纪三十年代等。至于日期可以按4.2.2的公式,直接用数字写出,如"1963.01.11",即1963年一月十一日。

(6)通用观点符号.00…。这种符号附加在主类号后面,表示主题的一个重大方面,或论述主题的观点或角度。观点有专表,其大纲如下:

.001　理论观点;目的、试验、研究与发展

.002　实践观点;实现、执行、生产、材料、设备产品

.003　经济、财务及商业观点

.004　使用观点;运行、养护等

.005　装置、设备观点

.006　厂房、场所、设施观点、基本建设

.007　职工、人力观点

.008　组织、行政观点

.009　社会关系、社会观点

每个类下都有细分,例如:

.002　　实践观点

.002.1　　准备与开始阶段

.002.2　　制造、生产、加工、装配等

.002.3　　原料、主要原料、主要成分

.002.4　　辅助或附加材料或成分

.002.5　　生产设备与机器

.002.6　　产品、副产品、废料、代用品

.002.7　　　辅助工作

每一小类又可细分,例如:

.004.8　　　废物利用、回收

.82　　　废料收集及利用　参看.002.68

.86　　　回收,再生

这些号码必须附加在主号之后,不能单独使用。例如:

622　　　矿业

.001　　　规划

.002　　　生产与技术问题

.003　　　经济与产品销售问题

.004　　　使用与维修问题

.005　　　设备与安全问题

.006　　　矿井位置与条件问题等

.007　　　劳动力与职工问题

.008　　　经营与管理问题

带有观点符号的类号仍可以附加地区、时间、形式或语文辅助号,或利用关系号联接主号作为进一步的细分。例如:

622.002.51"18"十九世纪矿山设备

622.007:331.69 矿山劳动力的缺乏

这样就可以构成无数的小类,来精密地表达一个文件的论题和集中关于一个主题的各方面资料。

以上是 UDC 一般辅助表的用法。

4.特殊辅助表,或称为专用复分号,有两种序列,即—…和.0…,其…须用数字代替。具体号码列在主类表的有关部分,内容各类不同。每一序列只能用于一个指定的类或与之有关的类。其适用的范围都在表内注明。

两种专用复分号中,—…序列的用途,在科学技术内,一般较.0…序列为广。例如,在 621 机械与电气工程类之下有—…序列

86

的专用复分表,如下:

    621—1/—9   机械细节
    —1   一般特征;型式
    —12   往复式
    —13   旋转式
    —135   涡轮式

……

    —8   按原动力分的机械、装置、或设备
    —81   蒸气
    —82   水力
    —83   电动
    —84   内燃
    —887   组合驱动

这一序列适用于6类中"61 医学"以外的各部分。因此:

    621.912—83   电动刨床
    621.952—83   电动钻床
    677.052—83   电动纺织机

至于.0 序列的使用范围则较窄,只能适用于其所在主类之下的各属类。例如:"629.12 造船、船、艇"类下有.0 的子目序列,其中有".011 船壳与甲板上部结构",因此,

    629.123.3.011 远洋轮船的船壳与甲板上部结构
    629.124.2.011 拖船的上部结构

但是必须注意,在使用.0 符号时,不论其前面的数字是几位都必须保持小圆点。这是小圆点使用法的唯一例外。

上面就是 UDC 特殊辅助表的用法。

UDC 所以能够具有极大的灵活性和极大的扩张性的原因就在于它的辅助表及种种符号的用法。但是这种灵活性也容易造成分类上的分歧,给工作带来混乱。这将在下面再指出。

(二)注释

在了解了 UDC 的一般结构之后,应该了解它的注释。UDC 的注释种类相当多。最常见的是(1)规定本类的范围,如"624 土木工程"类,注"本类包括建筑工程一般问题(房屋建筑入 693/694),各种工程结构(依所用材料分),结构部件与计算等。这不仅指出了本类应包括什么,而且别的类(693/694)的区别也明显了。(2)说明特殊辅助表的使用范围,如在上述类目内又注明"以下.1.04.07 适用于所有结构物,但.02/.03 与.05 类资料宜入 69"。(3)指出进一步细分的方式,如"621.3.08 电气工程测量仪表",类下注"仿 53.08 分"。查"53.08"是"物理学的测量原理方法"。其中"53.088"是"误差、校正",因此,电工中的误差校正,就是"621.3.088"。(4)指出图书馆可以按自己条件决定是否需要进一步细分,如"537.74 电的测量、仪器"下注"可仿 621.317 分"。查"621.317 是电工量测计量,仪表与指示器",其中"621.317.71"是安培表,因此,如果有一件关于安培表的原理的资料,就可以按需要给"537.747.1"的类号。(5)指示本类与它类的关系,"621.375 放大器"下注:"联:621.3…"。因此,量测仪器用放大器的号码是 621.375:621.317.7,电视放大器的号码是 621.375:621.397,其中"621.317.7"是电器计量设备,"621.397"是电视。这就把各种放大器集中在一起了。(6)指出与本类有关的其它类目,以"参见"表示。对于参见的类在分类时必须查考一下,然后决定手中的资料是否宜入本类或应归入它类。(7)查出一个类号的类目已列在表中另一地方,用"见"字表示,如"62—1/—9"下注"专用复分号见 621",就是说"62 一般工程与技术"类的专用复分号已列在"621 机械与电气工程"类下面了,可以援引使用。

三、UDC 与 DC 的差别

UDC 的类表结构简单说来就是这样。由此可见，UDC 不是完全抄袭杜威法而是把它大大地发展了，因而它的面貌和 DC 有很大的不同。

第一，UDC 发展了 DC 的助记原则，使它成为一种有意识的组配方法。UDC 把经常重复出现于一切知识部门或绝大多数知识部门的类列编成通用辅助表，这是从 DC 的形式复分和地理复分来的。它把在一个知识部门内或一门学科内经常重复出现的编成专用辅助表，这是从 DC 的语言学类各种语言仿语言学问题复分来的。UDC 还利用关系符号来表示两个主类之间的关系，这是从 DC 表中某些类下面（如 016 专题书目类，331.281 各种企业中的工资类）所注明的"仿 000—999 分"发展出来的。这样就充分发展出了用类号组配来表示复杂题目涵义的合成原则。

第二，UDC 发展了 DC 用 0 作为变换分类标准的标志的方法，采用不同的符号来表示不同的分类标准。如以（.0…）表示形式，（…）表示地区，""表示时代等等。前面我们已指出必须用符号表示不同的分类标准的重要性。但是 DC 只有 0 这一个符号，运用时有很大局限。现在 UDC 采用了不同种类的符号，就使得每一类的每一方面都有无限扩充的可能，而且还可以很容易地变换分类标准的次序，大大地扩大了类目的容纳性和灵活性。

第三，UDC 采用的观点符号能够集中一个主题的各方面资料，因而使得这个综合性分类法可以适用于任何专业的图书馆，形成专业分类法，如前面矿业类的例。

第四，UDC 改变了 DC 的标记方式。这在前面已经提到过了。

第五，UDC 还改动了 DC 原法里面过分偏重美国的地方，使它比较能够适用于任何国家。

第六,UDC 最近把大类4(语言学)并入大类8(文学)。这样,UDC 就和 DC 有很大差异了。

四、分类实践

现在研究一下怎样运用 UDC 来进行分类工作。

1.按照 UDC 的意图,关于一件资料在分类时,必须在类号里充分揭示出它的主题的内容,以便读者可以从各个不同角度来利用它。对于待分类的文献必须先分析其内容,用一个或几个概念最精确地表达其主题(这可能就是文献的书名或篇名,但并非总是这样),然后根据那些概念给以相应的类号。这样,UDC 以为就可以得出最适合本书内容,即最能精密而恰当地表达其主题的类号。这样,对于细小的复杂题目就一定会得出比较长的号码。如果不愿用长号码而给以相应的上位类的号码,虽不能说是错误,但终于会掩蔽这件资料的正确用途。当然,如果在一定的资料室或图书馆内确实不需要细密精确的分类(如专业资料室对于非专业的资料)时,也可分得简略些。

所以在资料分类时,实际上就是通过 UDC 的号码来深入分析资料的内容。这是资料工作或文献工作的特点。这种方法被现在的分类学家称为分析兼综合法。现在举几个题目为例来说明它(分类号以英文简表为据)。

(1)钢铁的分析　669.1:543

其中 669.1 是钢铁,543 是分析化学,均取自主表。

(2)电视放大器　621.375:621.397

其中 621.375 是放大器,621.397 是电视,均取自主表,但在同一大类 621.3 电工之内。

（3）英国十九世纪文学史　820（091）"18"

其中 820 即英国文学，取自主表；（091）即史，取自通用类型复分号；"18"即十九世纪，取自时间复分号。

（4）法国现代短篇小说选集　840—3"19"（082.2）

其中 840 法国文学，取自主表；—3 小说，取自 8 文学类的专用复分号；"19"二十世纪，取自时间复分号；（082.2）选集，取自通用类型复分号。注意：UDC 简表不能区别短篇小说与长篇小说。

（5）电动棉纺织机原理　677.21.052—83

其中 677.21 是棉纺织，.052 是纺织机，取自 677 纺织业下面的专用复分号。—83 是电动的，取自主表 621 机械工程类下面的专用复分号。

以上是比较简单的例子。但是 UDC 的标记制度有时会产生很大的暖昧性。现在举一个复杂的例子来加以说明。

（6）胃癌的 X 射线诊断，这个主题可以有七个不同的类号（理论上有二十四种可能的类号，但以下列七种较有实际意义）。

（a）616.33—006.6—073.75，其中 616.33 胃病，取自主表；—006.6 癌，取自 616—00 病变专用复分号；—073.75 X 射线诊断，取自 616—0 病因、病理、诊治等专用复分号。这个类号把关于胃癌的一切文献都集中在胃病类中，和胃下垂、胃溃疡等在一起，但对于专门研究癌症或诊断学的人，都无法查到。如果改写成：

（b）616.33：616.006.6：616.073.75。由于用关系号联结，可以分别反映在胃病、癌症及物理诊断学三个类内，无论从事哪方面研究的人都可以找到这个文献。可是类号却特别长了（616 反映了三次），而且会使目录变得异常庞大和复杂。

（c）616—006.6—073.75：616.33，这个类号表示"癌—X 射线诊断—胃"。这就在癌症类内集中了癌的诊断文献而后再分别器官—胃癌、肺癌的诊断等等。

（d）616—006.6：616.33—073.75，这个类号表示"癌—胃病—X射线诊断"。这就在癌症类内依器官集中了胃癌的一切文献，然后再分出它的诊断法。

（e）616.33—073.75—006.6，这个类号表示"胃病—诊断—癌"。这就是先集中一切胃病的文献，再集中一切胃病诊断法的文献，再分出各种病变的诊断法文献。

（f）616.073.75：616.33—006.6，这个类号表示"诊断学（X射线诊断）—胃癌"。这就是先集中一切诊断学的文献，分出各种诊断法，再集中放射线诊断法，再分各种病变。

（g）616.073.75—006.6：616.33，这个类号表示"诊断学（X射线诊断）—癌—胃"。这就是先集中诊断学文献之后，再集中癌症诊断文献，再集中胃癌的诊断文献。

既有这么多的可能，究竟以哪种方式为好呢？照 UDC 通例，应以（a）式为准，但是（a）式只能反映在一个门类之内；改成（b）可以反映三个类内，但容易造成目录臃肿；其余各类号可以反映在两个门类之内，只能适合特殊目的的目录。换句话说，在专用复分号所代表的概念可以成为独立研究的对象的条件下，如癌症、诊断学等，用冒号代替专用复分号，是有较大的便利的，但是类号却变得很长了。

2.这里产生了两个问题：（1）在这种情况下，文献（图书或其它资料）本身应放在哪里？（2）在目录或索引里，应该怎样反映，才能从任何角度都能找到。

对于第（1）问题，一般地说，只能遵从所在图书馆的具体任务或大多数读者的习惯。比如例（6）这本书应放在胃病类或是癌症类或是诊断学类，应以所在医学院或医院的具体情况来决定。由于癌症是医学界普遍注意的问题，似乎以归入 616.006.6 症类为宜。但是按 UDC 的通例是应归入 616.33 胃病类的。如果胃癌归入 616.006.6 癌症类，在许多癌症的文献中怎样排列呢？也就是说,应给以类号(c)还是类号(d)呢? 还是一个要解决的问题。这又有待于分类工作者自己决定了。

对于第(2)问题,一般都用重复反映(互见法)来解决。可是如例(6)的书,可以有二十四种不同的检索次序,是否全部都反映出来呢? 有些题目包括着4个、5个乃至更多的概念,这就可能有4、5或 n 个检索次序。如果一一反映,那目录或索引的体积岂不庞大到不可收拾吗?

3.因此,UDC 的编者们提出了多元类号组配法及复分号连写法的规则。

(1)二元组配的规则:(a)由两个主类号组成的复合类号,应以表示主题中主要方面的号码在前。这就是表示图书排架位置的号码。在目录或索引里,可以,但不一定必须在两类反映。(b)由一个主类号和一个复分号组成的,总是主类号在前。但是如果复分号的概念可以成为独立研究的对象时,也可以将它写在前面以集中关于它的文献。例如:534.14—8 超声波的发生,534.29—8 超声波的效应,这就把关于超声波的资料分散到声学各问题中去了;也可写成 534—8:534.14 和 534—8:534.29 以集中关于 534—8 超声波的材料,这就是把专用复分号当作主类号使用了。在这种情况下,究竟以哪一种方式为好,UDC 的编者们没有提出明确的办法。

(2)三元组配的规则,这有四种形式:

(a)主类号——主类号——复分号。

如:621.43:061.3(100)国际内燃机会议文件

(b)主类号——通用复分号——通用复分号

如:54(091)(510)中国化学史

两个通用复分号连写时应以直接说明主题的一个写在前。如不能断定复分号的主次,则遵照下列次序决定之,即:

观点——地区——时间——类型——语文

（c）主类号——专用复分号——通用复分号

如:840—3(091)法国小说史

（d）主类号——专用复分号——专用复分号

如:533.6.011.5.013.4超声速飞机的稳定性

两个专用复分号连写时,应以直接说明主题的一个写在前。根据这条规则,前面例(6)的几种类号,只有类号(a)是合乎要求的。但如前所指出,(a)只能满足从胃病这一概念出发来检索的人,不能满足从癌症(肿瘤)或诊断学这两个概念出发来检索的人。改成类号(b),可以有方法满足这三方面的人,但产生了长号码,还有在癌症类及诊断学类内怎样排的问题。类号(c)和(d),(f)和(g)表示出在这两类里各有两种排法。目前,除了根据图书馆的任务和读者需求来选定类号外,还无其它方法判明哪种排法合理。这四条规则实质上只规定一个文献本身放在何处的问题,而没有解决从各方面检索资料的问题。而且排架问题解决得也不彻底,因为当专用复分号所代表的概念可以成为独立研究对象而成为主类的时候,就无法决定以哪一个为主(即排架类号)了。

（3）三元以上的组配规则。UDC主张,除非绝对必要,应尽可能避免三元以上的类号。遇有内容非常复杂的主题,应将其分解为几个可以独立的概念,分别给以较简短的号码,反映在不同的类内。例如,"用航空弹道法测定超声速飞机的性能和稳定性"一题,可分解为三个号码,写成三行分别反映在三个类里:

533.6.011.5.013.4　　超声速飞机的稳定性

533.6.011.5.015　　超声速飞机的性能

533.6.078.2　　弹道测定方法和设备

这仍然是重复反映原则的应用。

总之,UDC的号码组配方式虽然能够表达复杂主题,但由于它极其灵活,在实际给号时,往往暧昧不明,难于决定。一方面缺乏明确的组配规则,对同一复杂主题可能产生不同的类号;另一方面,组配成功之后,仍然只能表示一条检索途径。要想照顾其它途径,只有重复反映,而无限制地重复反映,必然使目录体积庞大,内容纷杂,造成工作中的混乱,不便于检查。最后,只有转向分类目录的主题索引。而如果有了主题索引,类号也就用不着这样复杂了。

4. 我们还可以把某些通用复分号写在主类号之前,或插在主类号之间,来集中某些图书。

例如,按照 UDC 编者的原意,如果我们要按文字来分别集中图书,也可以把语言符号一律写在主类号前面作为冠号,在它的前后都加上 = 号,例如 =82 =536.33 就是俄文关于热辐射的书。

又如,把图书类型复分号写在主类号前面,就可集中某一类型的图书。比如,要集中所有的期刊,就可以把(05)写在一切期刊的主类号前面,如(05)02 图书馆学杂志,(05)53 物理学杂志,(05)54 化学杂志,(05)621.3 电工杂志等等。如果要集中一切国际学术会议文件,就可将(063)(100)写在主类号前面,等等。不过这也可以不用形式复分号而用关系号把 0 类的各类号和专科的主类号连结起来。如用 05:02,05:53,05: 等来集中期刊。

又如,为了集中一个地区的资料,也可将地区符号作为冠号,如:

(47)385　苏联铁路系统

(47)63　　苏联农业

(47)91　　苏联地理

这就可以将有关苏联资料集中一处了。

地区号还可以插在类号中间来集中某些资料。例如,在 02 图书馆学类内,图书馆是按类型分的(026 专业图书馆;027 一般图书馆),各国的图书馆分散在各类型之下。如果我们想把关于中国各类型图书馆的资料都集中起来,我们可以把中国的类号(510)插进图书馆类型号码(026 或 027)中去,如:

02(510)	中国的图书馆
02(510)6	中国的专业图书馆
02(510)6:61	中国的医学图书馆
02(510)7	中国的一般图书馆
02(510)7.5	中国的公共图书馆
02(510)7.54	中国的国家图书馆
02(510)7.7	中国的高等学校图书馆,等等。

这样就可以按国别集中图书馆了。这种方法称为插号法。

由此可见,UDC 的标记是很为灵活的。但也正是由于这个灵活性,类号组配的方式,如果掌握不好,反而会造成类号分歧,前后不符,形成极大混乱。灵活性反而成为混乱的来源。

最后谈一下 UDC 的卡片或资料本身排列法。

分类目录和分类排架总是依照类号数值排列的。但是 UDC 虽然以数字为标记,却夹杂了许多标点符号。在主类号相同的场合,凭什么来决定各种符号的先后呢?UDC 认为在这种场合,其编排的基本原则应当是从总体到部分,从一般到特殊,从抽象到具体。即是说,主题范围较广泛的居前,较狭窄的居后。现按照这条原则举下面一列号码为例:

综合类号 {	+	675+636	皮革工业与家畜饲养
	/	675/677	皮革工业、造纸工业、纺织工业
主类号		675	皮革工业
关系号	:	675:37	皮革工业教育
通用复分号 {	=···	675=20	皮革工业(英文资料)
	(0···)	675(021)	皮革工业系统编著
	(1/9)	675(44)	法国的皮革工业
	"···"	675"18"	十九世纪皮革工业
	.00···	675.007	皮革工人

专用复 ⎰ —… 　675—78 　安全与保护装置
分 号 ⎱.0… 　675.02 　制革
子目:另 ⎰ 　675.1 　匈牙利革及其它重革
一主类号 ⎱ 　675.2 　轻软革

五、简短评论

1. 如前所述,UDC 是以杜威的体系作基础,而杜威的体系是根据培根的理论倒转过来的。所以 UDC 在本质上也是一种资产阶级唯心主义的体系,具有明显的资产阶级立场,反映出资产阶级世界观。本书第二章内关于杜威十进法体系的批评,也完全适用于 UDC。这里就不重复了。

但是 UDC 的编者及其拥护者一再表明这个分类法是没有理论基础的。如英文版序言说:UDC 的目的是使任何一件资料经过正确的编号和排档,可以从任何角度查得,因此不应当将它看作是一种哲学的知识分类;类目的次序也非首要。显然这好像只是一种检索资料的工具。但是它又说:"十进法是一个具有普遍性的即包罗万象的分类体系。……并且是一个把有关联的各主题结合起来的完整形式而不是把许多孤立的、自足的专科分类表凑合而成的杂缀。"试问这样一个"完整形式"怎能没有它的组织原则呢?既说它是一个"完整形式",又说:"类目的次序也非首要",这不是自相矛盾吗? 难道在一个"完整形式"中各个部分的位置可以是无关紧要的,任意编排的吗! 为什么又说,十进法在编排类目时要"避免任意的,人为的"字顺编排方法? 可见编者们正像杜威一样,无非在实用的幌子下企图掩饰其哲学观点,隐瞒其阶级实质而已。

实际上,杜威原法的资产阶级本质和原则性错误,在 UDC 里都沿袭了下来。例如,把马克思主义作为经济学中一个小类,把阶级及阶级斗争列为政治学的一个内政问题,无产阶级专政列作集权政治的下位类,把共产党看作一般政党,而列入政党类,并且夹杂在许多资产阶级政党之间,都是极端荒谬的。把都市规划列入美术,把图书出版列作商业企业,也是资产阶级力图缩小这些事业的政治意义的表现。其它沿袭杜威原表中的错误就不一一在这里重复了。此外,UDC 还把实行种族歧视和种族压迫的三 K 党荒谬地列作"社会改良运动"和"人道主义团体"之一。正可看出帝国主义者所说的人道主义是什么东西。甚至在 1957 年修订的地理表里还把我国的台湾省列在日本的范围内,对于越南还沿袭法国统治时期的制度,分割成北、中、南、三部分,并且把老挝和所谓中部越南合在一起,把尼泊尔、不丹、锡金三个独立国家都夹杂在印度的各个邦之内,把印度尼西亚和菲律宾不列在亚洲而列在大洋洲——这一切都不能不说是别有用心。仅仅指出以上事实,就可以说明这个体系的基本原则是唯心主义的;它的具体安排是从帝国主义的立场出发的。它完全是资产阶级的产物,是必须予以揭露和批判的。

2. 这个分类法在编制技术上,特别是在标记制度上,也不是没有缺点的。第一,符号的种类繁琐复杂,要求人们勉强记忆它们的意义和排列顺序。第二,号码冗长,文献排列和卡片排列都容易产生错误,查检也很费力。第三,组配式的类号虽然可以详细地标明主题内容,但是并不能增加检索效率。因为即使在类号里标明主题的各个因素,但是单线的类号也不能集中第一个因素以外各因素的资料。

3. 图书分类法的特点在于它的系统性。系统地排列关于一门知识的资料,是分类法无可推诿的任务。UDC 近年来由于索引符号特别强调个别主题的检索,几乎日益把分类号看成主题的索引符号而放弃了对知识体系的重视。不仅杜威原法中不合现代科学要求的学科关系,如电工列入机械工程,各项体育运动列入美术等等,未能得到更正;而且新增加或新调整的类目,如核技术列在"621 机械工程"之内,等等,也不完全合理。由于近年来的修订增补都是由一些专业机构提出的,他们往往从其专业观点出发,企图详尽地集中与本专业有关的各项问题。他们只想个别地、孤立地解决专题检索,缺乏统筹全局的观点,因而损坏体系的完整性而日益形成"许多专业分类表的杂缀"。总之,UDC 作为个别专题的检索工具的作用日益加强,而作为知识系统化的工具的作用日益削弱。支离破碎,这不能不说是它又一重大弱点。

由于体系的日益紊乱,近几年来,即使在资产阶级图书馆界和文献工作界也日渐感到不满意,要求彻底改造的呼声日益强烈。许多人都提出了改造方案。将来情况如何,还有待于事实的发展。但是它之不能有效地为现代科学技术服务已经是不可掩盖的事实了。

4. 那么,为什么 UDC 能在科学技术文献工作界受到重视呢?我想,也许由于下面的四个原因。第一,使用它的绝大多数是资本主义国家的图书馆和文献工作机构,当然觉察不出它的立场错误。第二,使用它的绝大多数是专业性机构,只从本专业的角度出发,只使用它的某些部分,因而只见树木不见森林,看不到它在整个体系上的错误。第三,从庸俗的实用主义观点出发,认为它在检索特定主题方面具有一定的便利。也就是只看见分类法的索引作用而忘记了它的系统化作用。第四,更重要的,是有些人不承认分类法是世界观的体现,不承认分类法是一个包含着阶级立场的问题,因而把它荒谬地当作任何阶级可使用的"工具"。由于这些原因,UDC 的错误和缺点就被掩盖起来了。

5. 总起来说,UDC 是在 DC 的基础上编制起来的,在编制技术上有一些新的发展。但是正如 DC 一样,它的指导思想是唯心主义哲学,它的立场是资产阶级的,它的体系是资产阶级世界观的体现。在科学技术范围内,它的类目组织也不能正确反映各门科学之间的客观联系和关系。近年来的修修补补更使它陷入支离破碎、系统紊乱的境地。繁琐主义的号码也不便于卡片和资料的排列,更起不到提高检索效率的实效。因此,无论就其理论原则、类目体系或是它的实用效率来看,UDC 都是不合分类法的要求的。

第六章　布朗主题图书分类法

主题分类法(原名 Subject Classification,简称 SC)为英国图书馆学家詹姆士·德夫·布朗(James Duff Brown,1862—1914)所创,是二十世纪初期流行的四种分类法之一。但是它的流行范围只在英国公共图书馆界。

一、发展经过

布朗是当时英国著名的图书馆学家,随着十九世纪产业革命的成功,英国经济和科学技术的发展,对图书馆提出了新的要求。布朗首先在英国图书馆中推行开架制度。图书开架后,必须实行分类排架,而且要求细密的分类排架。但是当时英国图书馆界还使用着旧的固定排架制度,根本不分类,或者很简略地分几个大类。这远远不能适应日益增长的读者的要求。因此,他就着手研究图书分类。当时 DC 已经传到英国,但是只有少数图书馆才开始采用。许多人认为 DC 体制比较复杂(在当时人的眼光中),而且内容过分偏重美国材料,不适宜英国图书馆之用。布朗有同样想法,因此,就着手编制一种新分类法。

布朗于1894年同约翰·亨利·奎恩(John Henry Quinn)合作,共同发表了一个后来称之谓《奎恩布朗分类法》的分类表。这是一个小型的分类法。它有十一个大类,用大写字母为标记。

A	宗教和哲学	G	实用技术
B	历史、游记和地志	H	语言与文学
C	传记	J	诗与戏剧
D	社会科学	K	小说
E	科学	L	总类
F	美术和游艺		

以下酌分小类,用阿拉伯数字为标记,有些类还用字母顺序排列。类目简单,只适于小型大众图书馆之用。

1897 年,布朗发表了第二个分类表,名为《调节式分类法》(Adigustable Classification)。它的大类大体上和第一个分类表相同。

A	科学	G	传记与信函
B	实用技术	H	语言与文学
C	美术和游艺	J	诗与戏剧
D	社会科学	K	小说
E	哲学与宗教	L	杂类
F	历史与地理		

细分比第一表较详。小类标记采用序数制,用阿拉伯数字顺序编号,中留空位以便发展。这个表得到当时一些公共图书馆的采用。但是预留空白号码的序数标记制度,注定迟早是要失败的。学术的发展,是不会按照分类表编者的意图实现的。《调节式分类法》不久便感到不合实用了。

于是布朗便另起炉灶,重新编制。结果在 1906 年发表了《主题分类法》。这个表得到更多的公共图书馆的采用。许多人认为它是富有科学精神并且便于实用的分类法。但是 DC 这时在英国图书馆界已占有优势地位。采用 SC 的,只有几十个公共图书馆,包括一些藏书十万册的中型图书馆。1914 年作者逝世的时候,出了这本分类法的第二版,作了一些不重要的修改。1940 年,在詹姆士·道格拉斯·司徒尔特（James Douglas Stewart）主持之下，出版了第三版。内容增加了不少新类目，但是完全保存了布朗的一切原理、方法和细节。这个分类表的几次修订，很少改动原有的号码。

这个表几乎完全是布朗个人的创作。第三版的修订虽然有许多采用这个分类法的图书馆参加，但是没有一个永久性的机构来负责经常维持。五十多年来只修订三次，它的内容在许多地方落后于科学的发展。目前使用它的图书馆已经不多了。

二、基本原理

布朗在 SC 的《导言》里说："这部分类法的基本思想，就是把关于一个论题的一切资料放在一个经常不变的、不会使人弄错的地方。"又说："在整个分类表里，我们力图使一个主题保持一个位置。"一个主题一个位置，从而集中关于这个主题的全部资料——这就是 SC 的基本思想。现在分五个方面阐述一下。

1. 应当按照具体的或经常的主题而不是按照一般的或偶然的观点进行分类。

布朗给 SC 提出的基本问题，是怎样将关于同一主题的图书集中于一个地方。他指出，自古以来，哲学家们、逻辑学家们都非常重视分类，拟出了许许多多各不相同的分类体系。他们都企图把关于同一特定主题的图书或事实集中于一个地方，并把它放在相关的主题的附近。但是都没有成功，没有一个体系能得到大家的同意。其失败的原因，布朗以为，就在于他们一直"企图按照特殊的观点来将人类知识加以分类"。他说："人类知识的部门是这样的多，它们相互交叉这样的大，它们的变化这样的频繁，它们的分支这样的使人混乱，要想表明它们是出于同一的源泉，或者要想表明能够把它们这样地安排起来，以便任何一个需求图书的人都能看到自己的特殊问题的全部文献集中在一个固定的地方，这是不可能的。主题之间以各种各样可以设想得到的方式，彼此交叉，彼此制约，而且还进一步受到对于文体及用以研究它们的观点的种种考虑的影响。任何主题都能从很多的观点来进行研究，而任何一种这样的研究都可能成为大量文献的中心，并形成一门重要的学问。"他以"玫瑰"这一主题为例。对于这个主题，他说，可以从生物学、植物学、园艺学、化学、药物学、历史、地理、装饰学、纹章学、目录学、诗歌、音乐以及其他等等方面来进行研究。如果按照通行的分类法，比如说 DC，将关于这个主题的书分别归入不同的学科，当然就拆散了关于同一主题的资料。但是另一方面，如果把这些资料都集中于一处（例如：园艺学），对研究玫瑰的人固然有很大好处，可是对于其它各方面也需要集中其所感兴趣的主题的资料的人来说（例如植物学），就缺少了一个部分。因此，布朗认为这里所要解决的问题就是，"关于一个具体主题的文献，是集中在一个特定的地方好呢，还是集中在一个更为一般化的地方好？"

怎样解决这个问题呢？布朗认为必须考虑两点：（1）具体问题和一般观点，（2）经常的需要和偶然的需要。

首先，他认为主题的具体性应当胜过一般性。他以"玫瑰书目"一书为例。他说，这本书应当分入玫瑰类，而不应分入书目类。因为"玫瑰这个主题是具体的，而书目则是观点，因而应当在尽可能的条件下居于从属地位"。这样虽然会使目录学类失去了一部分资料，但是按照这原则却可以集中关于玫瑰的一切资料。"如果目录学家能够看到一切一般性的和抽象的目录学著作，集中在一个地方，那他也能够同样方便地到别的地方去找到其主题本身，不是目录学的那些的专门著作"。显然，布朗这里所说的"具体"指的就是作为研究对象的客观事物，而他所说的"一般"就是用以研究这对象的观点和方式方法，即一定的学科。按照他的意见,图书分类应当以所研究的具体对象为准,而不应以用作研究立场的学科为准。

其次,还应考虑一下,这样的书究竟对谁最有经常的用处;而这样一考虑,研究玫瑰的人无疑是处在有利地位的。他还以"图书馆建筑"一书为例。他说,一位建筑学家可能一辈子用不着这样的书,但是一位图书馆的工作者却时时需要参考它。它对于建筑学家的用处是偶然的,而对于图书馆学家则是经常的。与其归入建筑学,不如把它归入图书馆学更为有用。也就是应当按具体事物——图书馆归类,而不应当按照学科性质——建筑学归类。

根据上述两点考虑,布朗断言:"在图书分类时,与其选择较一般的观点或偶然的主题,不如选择具体的或经常的主题。"这就是 SC 分类时的基本标准,编类时的基本原则。

从这一基本原理出发,他认为图书分类表应该以具体主题即具体事物为主。凡是综合论述或全面论述一个主题的,当然可以归入这个主题;凡从某一方面研究这个主题的,也都应归入这个主题,必要时作为它的复分。因此,布朗就把类表分为两个部分。一部分是主类,实际是一张主题表,也就是具体事物分类表。另一部分是范畴,是研究这些具体事物的方式、方法立场、观点以及事物的共同方面和构成部分。有些概念,如"化学"、"生理学"、"目录"、"旅馆"、"图书馆"等,在两个表中都出现。但在前一表内是作为一种研究对象——一门学问、一件事物、一种具体的东西看待的;而在后一表内则是作为研究事物的方法、观点,或它的一个方面、一个部分看待的。前者是具体的概念,特定的主题;后者是普通的概念,一般的观点,具体的和一般的——这一区别,对 SC 说来是根本的区别。

2. 一个主题一个位置。

布朗认为,在图书分类表内,一个主题只应有一个经常位置。不然的话,资料就会被分散了。例如,在 DC 里,关于煤的资料被分散在化学、地质学、矿物学、采矿学、燃料化学工业、专门经济学等等门类之内。这些类内都有煤这一子目。但是关于煤的综合性著作，反无类可归。分类员不得不勉强在这些类内硬规定一个类来容纳这类著作，布朗认为，这样是不符合图书分类的目的的。他认为关于煤的资料，不管属于哪门科学，都应当集中在一处。在分类表里，煤这个概念或类目，只能出现一次，也就是说，只能有一个固定的位置。

但是如上节所说，要使关于任何概念或类目的资料，都能在分类时集中一处，是办不到的。他倾向集中关于具体主题即具体事物的资料。在一般性的主题（学科）名下，只集中一般性的资料。凡是运用这门科学去研究一个问题的著作，都应当随着所研究的对象归类。比如，煤是一种矿物，铁也是一种矿物，关于煤、铁的研究，无论从什么方面出发，都应归入矿物类的煤、铁目。同样理由，在化学、采矿学、经济学等所谓一般性类目的类号之下，只收化学、采矿学、经济学的一般性著作。关于任何具体问题的这些方面的著作，如铁的化学、开采、冶炼或经济研究等等，都应当作为铁的下位类，集中在铁类之下，分别给以不同的类号，而不分别归入化学、采矿学、冶金学和经济学。当然这样做，对于全面研究一门学科或一个所谓一般性问题的人，是不便利的。但是如上面所说，布朗认为这样的研究工作者，到各专门问题的类里去找有关材料，是"同样方便的"。他认为可以举出无数的例子，来证明这种归类原则的实用价值。

这就是说，按照布朗的想法，图书分类既然做不到使任何主题的资料都集中一处，就不如集中具体问题的资料，而让那些需要一般性问题的全面资料的人，到各种具体问题里去找。这当然是一个很可争辩的论点，但是 SC 却是本着这一原则来编制的。

因此，我们必须体会到，布朗所主张的一个主题一个位置的原则，实际上只意味着一个具体主题一个位置。至于一般性主题的资料,仍然是不免于分散的。

3. 应用跟随理论。

在安排主题的次序时,也就是组织类目系统时,布朗还采取了应用跟随理论的原则。他说,这个分类法的"基础是承认这样的一件事实,即每门科学或艺术都有一个一定的根源,因此,用不着像历来的传统或习惯所许可的那样,人为地按照字母顺序、年代顺序或其它任意的次序来予以类集"。根据这样的安排,许多在传统习惯上以及其它分类表里被分开的学科,如许多自然科学和技术、美术和实用艺术,在 SC 里都被合并在一个大类或者统一在一个较概括的类里。这就使得 SC 的体系同其它类表有很大的不同。

这主要表现在下面两点:

(1)一些自然科学和一些技术科学的合并,这就是某些分类学家所说的科技合一。布朗认为,十九世纪后期盛行的自然科学和应用科学两大类的划分是不符合科学发展的实际的,是人为的、任意的区别,现代科学和技术的发展已经打破了这种差别。他说:"在现代教科书里,从前的理论和应用的差别,已经逐渐消失,而且随着科学的系统化和它的教学法的改进,从前所维持的那种物理基础和实际应用的分开,也将不再为人所坚持了。"因此,在 SC 里,"从一门科学或其它理论基础所直接产生出来的各种应用都跟那门科学或那个基础放在一处"。他着重指出:"在整个这部分类法里,我们力图把每个主题都放在尽可能靠近它所依据的科学的位置上。至于一个主题由于涉及几门科学而具有很大复杂性的时候,就力图把它放在它主要依据的那门优势科学附近的地方。"因此像声学与音乐、电学与电气工程、力学与机械工程、地质学、矿物学与采矿工程和冶金工程、化学与化学工程等等,都连带并列。至于综合利用几门科学或几种理论的应用技术,则放在比较最能自然地容纳它们的那组科学之内。例如,医学、体育、文娱等等和人体科学(生理学、解剖学)合为一类;而农业、畜牧业、纺织工业、食品工业、家庭经济学等等则合为经济生物学一大类,放在植物学和动物学的后面。这样,布朗就打破了 DC 的自然科学和应用技术的界限,成为 SC 最显著的特点之一。

(2)实用艺术和美术的联系,他认为美术和实用艺术的区别,"也是人为的而不是科学的"。他说:"像文学、实用技术、美术、提炼技术、机械技术等等,都是 SC 里力图予以避免的几个人为分类或依观点分类的例子,而像建筑艺术和营造工程、服装和装饰、古钱学和币制之间等等非真实性的区别,也尽可能地不予以注意。"这样,布朗就不仅打破了自然科学和技术科学之间的差别,而且把一种物品的制造工艺和它的美术也连带放在一起。同样,古文字学、古文书学不作为单独的历史辅助科学,而都归入文字学;写字工具不入制造工艺而归入文字学中的书法;编目法和索引法不入目录学或图书馆学,而入著作类(文学总论类的子目);印刷术和造纸术不入工艺,而入文学类的目录学(即图书学);图书馆及图书馆学也不入教育学,而入文学,列在目录学即图书学之后。这样,就完全放弃了按学科体系分类的观点,采用了按事物本身之间在用途上或原料上的联系来决定类目之间关系的原理。所以,SC 的主类表,不像其它分类表那样是一张学科门目表,而只是一张可以作为图书主题即研究对象的具体事物的表。

上面两点可以说明,由于贯彻了应用跟随理论的原理,SC 的体系同当时通行的 DC、EC、LC 有很大的差别。

4. 科学的进化顺序。

布朗在组织类目体系时所遵循的另一原则,是"科学进化顺序"。这是安排基本大类的原则。他说:"在这部主题分类法里,每一个类都是尽可能地安排在系统化的科学进化顺序之内。"一个顺序就是由简单到复杂、由总体到部分的次序。首先是适用于一切科学、产业和人文研究的普遍性规律、方法和因素。其次是关于一切事物的物质方面的知识,因为物质、力、运动和它们的应用是存在于生命和思想之前的,有物质然后有生命和它的各种形式。因此,物理知识之后是关于生命的知识。生命由植物、动物而达到其最高形式的人类。关于人类的生物学知识是生物知识的最后部分。而人类的心理活动、思想、信仰等等,当然应随着它的物质基础,因此,生物知识之后是关于思想活动的知识。思想活动的结果产生了各种记录——语言、文字、文学和历史,所以把这些知识排在最后。这样,大类的次序就可以"简单地说成是表达这样的次序:物质、生命、思想和记录"。

这就是 SC 安排其大类次序的原则,显而易见,这里透露了布朗的唯物主义的进化论观点。就这一点说,SC 的大类体系,比起其它分类法来,是有一定的进步意义的。

按照这种原则来安排大类,基本上是按照各门科学的研究对象的进化关系来排列各门科学的自身的次序。这样的次序,在一定程度上能反映各门科学之间的客观关系,也符合各门科学研究的实际联系。所以一些分类学家,如布立斯、密尔斯、鲍默尔等,虽然对 SC 的整个体系有深刻的批评,但对于它的大类次序,还是大体上表示赞同的。后来,布立斯的 BC 体系同这个体系非常接近,并非是无因的。

5. 顺序制的标记制度。

布朗认为,对标记制度的基本要求是简单明了。但是对于复杂的题目简短的号码是不可能的,因为除了表示图书的大类及其区分和复分以外,还要指出它的地域、形式、著者、书名,甚至版次、部次等等。所以必须采用基数很宽的符号。他不同意用单纯数字作为标记,因为这样易于导致长号码。他也不同意等级制,因为这也会使号码变长。因此,他就采用了字母与数字并用的序数制混合号码。他把英文大写字母按各类内容分配给十一个基本大类。每一大类的划分,则用三位阿拉伯数字 000—999,按序数排列。

因此,他和 DC 的小数制、EC 的展开式都不相同,它大致接近于 LC 的标记制度。但是 LC 的字母标记,是有表达性的,而 SC 的字母标记,却是无意义的。在 SC 里,类号只有固定类的次序的作用。布朗的这一主张,在最近得到柯兹、法斯克提、鲍默尔等人的支持,而同谢尔思、阮冈纳赞等人的主张相对立。

三、类表结构

SC 全书除导言外,分为范畴表、主类表和索引三个部分。导言概括地叙述了本书的编制原理、大类范围、编号方法、分类规则和书号处理方法,还附有一个为处理书号用的时代号码表和一个地方文献专藏分类表。这是一个最切实用的导言,对理解和使用 SC 都有很大帮助。范畴表、主类表和索引,是进行分类的依据。它们都有很多跟其它分类法不同的特点。

1. 主类表——类目体系

如前所指出,SC 的主类表是一张具体事物的分类表。这些事物每一项都可成为研究的对象,即主题。围绕着每一主题都可以产生出一大批文献。图书分类时,首先考虑的是它研究什么对象(主题),而不是它怎样研究这个对象(学科)。

SC 是怎样来安排这许多事物的呢? 它遵循着前面所说的三个原则:首先,是科学的进化顺序原则;第二,是应用从属于理论原则;第三,是一个主题一个位置原则。

SC 的大类,是按照从物质到生命、到思想、到记录的次序来安排的。其体系如下:

A	总论		
B—D	物理科学	物质和动力	
E—F	生物科学		
G—H	人类科学和医学科学	生命	
I	经济生物学		
J—K	哲学和宗教	思想	
L	社会政治科学		
M	语言和文学		
N	文艺作品	记录	
O—W	历史和地理		
X	传记		

在同一大类的范围内,布朗认为"只有那些一般性的并且有极密切联系的主题,才应该作为大类的主要划分(初度划分)。至于不是一般性但能满足某种经常要求的主题,应该作为这些划分的划分和再划分,或者作为与之有密切联系的类的范畴。"这样,他首先列出关于大类对象的一门基础科学,然后顺次连带地列出它的各种应用,直到完了之后,再列出与原来那门科学相等的科学。这样一直继续下去。现引物理科学类的大纲为例:

B,C,D 物理科学

B000	物理学、动力学	C400	音乐
B100	机械工程、机器	C800	天文学
B200	土木工程	D000	地貌学(自然地理)
B300	建筑工程	D100	水文学、水力学
B500	铁路、车辆	D200	气象学、气能学、计时学
B600	运输、造船工程、船舶运输	D300	地质学、岩石学
B800	陆海军科学	D400	晶体学、矿物学
C000	电、磁	D600	冶金学、采矿学、金属工艺
C100	光	D700	化学
C200	热	D800	化学工艺
C300	声		

这里,物理学是一门基础科学,是一个一般性的类。机械工程到陆海军科学是物理学的各种应用。这一组应用科学之间,又有一种连带而及的次序(但是把运输学这门应该包括铁路在内的科学排在铁路与造船之间是不够合理的)。电、光、热、声是物理学中的四个分支,各自研究一部分物质现象,所以列在一般物理学及其应用之后。音乐是另一门知识,但以声学为基础,所以列在声学之后。天文学到化学是一组与物理学同等的科学。但是冶金学、采矿学和金属工艺是矿物学的应用,所以排在矿物学之后。这一组是顺着天体、地球、地球的成分、这些成分的研究次序排列的。化工是化学的应用,所以排在化学之后。

在每门科学之内,也是力图体现应用跟随理论这一原则的,例如:

C000	电磁学	C240	温度
C001	电学	C260	热力学
C030	磁学	C270	蒸汽机
C050	电工学	C280	热力机
C200	热学	C284	加热和熔化机器
C201	燃烧	C285	汽油机、酒精机
C225	发火器具	C290	煤气机
C230	灭火		

在每一小类之内,也是遵循这一原则的,就不再引例子了。

与此同时,SC力图做到一个主题一个位置。例如,金、银、铜、铁、镍、锌等等一切金属化学元素,都作为矿物而列入矿物学,因此,化学类内就不再列出。关于个别金属元素的著作,即使是纯粹的化学著作,也分入矿物学类各有关矿物名下。这就使化学类中有关于非金属元素的书而没有关于金属元素的书(更奇怪的是SC把煤列入矿物学而把石油列入有机化学类)。同样,稻、小麦、菠菜等等入系统植物学类,牛、马、蚕等入系统动物学类,因此,就不再列入作物学、园艺学、畜牧学、养蚕学等类。这样,农业类里又失去一部分著作。这就显示出了 SC 的缺点。但是,SC 认为这样集中关于一个主题的资料,是比集中一门学科的资料更为有用的。

根据一个主题一个位置的原则,SC 还把关于同一国家的历史和地理统一列在每个国家名下。在历史与地理大类里,它首先列出史学和地理学,然后按地区列出各地区(先世界,后各国)的历史和地理。在每个国家里,先列出全国的历史和地理,然后列出国内各地区的历史和地理。可是,专门地理和专门问题的地区性研究,如区域地质、植物地理等,是分别归入有关的类的。照 SC 的安排也就没有单纯的历史类和地理类。这也是 SC 不同于其它分类法之处。

依据同样原则,SC 把各部门经济都分入各种企业或产业。

SC 在处理语言和文学时,也有其独特的地方。首先,在 M 语言学和文学大类里包括了许多通常不属于语言或文学领域的科目,如新闻学、编目法和索引法、古文字学、目录学(图书学)、图书馆学等等。其次,各种语言及其相应的文学都依语种集中。但各语种文学只包括文学史和文艺批评;关于各种文体(如小说、诗歌等)的著作及各种文艺作品则分出来另成立一个大类(类号 N)。这样 M 类的内容就如下表:

M	语言、文学、目录学(口讲的、书写的和印刷的字)
M000	语言一般
M100	文学一般
M120	文艺批评一般
M 121	新闻学
M130	出版自由
M140	版权
M145	比较文学
M150	编目法
M160	索引法
M170	修词学

M200—699	各语种及其文学史,例如:
M500	条顿语言
M501	条顿语文学
M502	下日耳曼语
M520	英语一般
M521	英语文学一般
M522	中古英语
M523	现代英语
M524	现代英语文学
M700	古文字学、古文书学〔文字学〕
M709	文字起源
M750	打字术
M760	目录学〔图书学〕
M770	古印刷术
M800	实践印刷术
M860	造纸术
M900	图书馆与图书馆学

在这里既没有完整的语言学类和文学史类,又夹杂了许多不属于文学的知识,从研究文学或语言的人看来,是很不便利的。其所以这样安排的原因,看来,可以从类目后面括弧中的注语得到解答。布朗在这里所列出的似乎并不是通常人们所说的语言学或文学,而是把人们口上说出的字、笔下写出的字以及用印刷方式印出的字——即说话、写字、著书、印书和藏书等等互相牵连的问题合在一处,"字"作为具体对象而构成一个大类,语言学、文字学、文学概论,以及书写、印刷等等,都被看成是"字"的研究的不同方面,都被"字"这个对象联系了起来。文学史是作为著书的历史来看待的。至于文学作品则归入 N 大类。N 类只依文体分为小说、诗歌、戏剧和散文四个大类,因为布朗以为文体是文艺作品的具体表现形式。每类都包括理论、历史、批评、选集和个人作品。个人

作品不分语种、不分国别、不分时代,一律按著者姓名字顺排列。这种方式,对于小型公共图书馆或许有一定的方便,但对于学术性图书馆显然是不能满足文学研究工作者的要求的。

最后,还应指出,SC 的总论类(类号 A),也是与众不同的。我们知道,一切的分类法都有一个总论类,但是这个类的范围却不完全相同。例如 DC 的总部(0 类)包括着两个部分。000—020 是人类知识的整个总体,而 030—090 则是内容庞杂不能归入一类的综合性著作或丛著。这两类著作的性质有所不同。前者涉及知识的实质,后者则是著作的形式。但 DC 却把它们合在一处,称为"总部"。EC 和 LC 的总类 A 以及 BC 的数字类,都只包括后面这一种。这就把两者分别开了。而 SC 则把 DC 的范围更扩大了一步。布朗说:"这个大类的各部分,包括着大部分可以普遍应用的规则、方法和因素,它们可以规定或普及于一切科学、产业和人文研究的各个部门。它们是有普遍性的或普及一切的,不能合理地认为它们只属于某一个大类或为某一大类所特有而把它们归属于任何一个大类。"根据这种理由,SC 就把教育、逻辑、数学和科学一般都归入了这个类,使之和百科全书、丛书、期刊同列。结果就把实质性的类和形式性的类混淆了起来。此外,SC 的总类里还有一个极不相称的类,这就是 A600—899 造型艺术。这个类的内容,据类目下面的解释,是"图画的记录",应当列在全表的第四部分。可是据布朗在《导言》里的解释,由于后面的号码不够分配,所以只好把它移到前面来。这是一个由标记决定类目位置的最突出的例子。

因此,SC 的基本大类的类名,表面上虽然没有脱离传统学科,但每类的内容是跟传统的学科领域有很大不同的。

2. 范畴表

如前所说,布朗认为任何主题都可以从很多观点去研究它。此外,许多主题都可能有共同的复分。如果在每一主题下面都把这些共同的概念列举出来,类表的篇幅就会变得异常庞大。为了节省篇幅,SC 把这些共同的概念都提出来,汇集一处,编为一个总表,称之为"范畴表"。其内容包括着一般分类法中的形式复分、时代复分,以及一切或许多主题所共有的观点(如各门学科),方法(如"分析"、"实验"、"设计"、"统计"等等),结构部分(如植物的"根"、"茎"、"叶"、"果",机器的部件、零件等等),属性和状态(如"冷"、"热"、"液体"、"弹性"、"稳定性"等等),作用(如"反射"、"扩散"、"催化"、"极化"等等),过程(如生物的"发生"、"退化"、"杂交",生产的"组织"、"设备"、"检验"、"焊接"等等)和类似的概念。这些概念或"范畴"排成一个统一的系列,用小圆点与数字即.0 到.999 为标记。这个表用来作为主类表内任何类目的复分。这就是把范畴号(必须连同小圆点)加在主类号的后面。范畴号的小圆点就天然地把类号分为两个部分:前一部分(字母及三个数字)表示主题,即所研究的事物对象;后一部分(小圆点及一个、两个或三个数字)则表示著作物的表达形式或用以进行研究的观点和方式方法等。这就把一个主题内按内容复分的下位类和按范畴复分的下位类区别了开来,在排列时不致产生混乱。其关键全在于这个小圆点。所以,这个小圆点用目前分类学上的术语来说,就是一个分面符号。

现在从范畴表摘录几段以示例:

.0	通论	.6	会社
.00	目录、名表	.7	期刊、杂志
.01	帝王、统治者	.8	丛书丛刊(一般性的)
.02	待重行分类的资料	.9	丛书、刊(个人著作的)
.1	书目	.10	史
.2	百科全书,词典	……	
.3	教科书,系统的	.135	物理学
.4	通俗著作	.137	原子
.5	哲学、理论	.138	固体

.139	弹性	.415	病理学
……		……	
.412	形态学	.940	图书馆
.413	组织学	.941	小说
.414	新陈代谢	.944	诗歌

范畴表是 SC 的一个很大特色。这里表示出了分面分析和分面标记的思想。这一思想,后来在 BC 和 CC 里得到了很大的发展,成为现在国外图书分类法中的主要思潮。

必须指出,SC 的范畴表,不包括地区复分号和语言复分号。这两种复分号都可以取自主类表,即从 0—W 历史和地理大类中取各国和各地区的号码;从 M 语言及文学史大类的 M200 到 M699各类中取语言号码。由于主类表的号码用大写字母开始,所以当把它加在另一主类号之后,第二个类号的字母可以很清楚地显出主类号和复分号的区别,其作用正如范畴表的小圆点一样。

但是 SC 把所有范畴统统编为一个表是不经济的。事实上,许多范畴只在一定的范围内才能适用,如上引的.941—.944 只适用于文学类。可是因为汇总在一处,数目多了,不得不使用三位数字作为标记。这就使号码变得不必要的长,反而不如 BC、CC 那样,将它们分别列在有关的类内,号码可以简短些。不过这纯粹是一个技术问题,不因此减损布朗思想的创见。

3. 索引

这是一个所谓单一的、直接的或特指性的索引。一个主题只有一个索引号。它没有把主题的各方面都罗列出来,因为布朗是反对相关索引的。他非常重视索引在分类工作中的作用,他明确指出:"在一部书的主题既经确定之后,这个主题在索引里的号码,就是应当给予这书的号码。不管后来是否利用范畴号码或其它号码来形容这个主题,它的唯一的位置号码就是索引里的号码。"例如,咖啡的号码是 E917(在植物学类内),那么,只要是关于咖啡的书,都应当给以 E 917。自然,以后可以利用范畴表来复分它,但无论如何,不能把关于咖啡的书置于农业、饮料、农作物、食物或风俗习惯等一般性类目之下。因此我们可以利用索引来直接给号。当然,如果在索引里一个主题之下注出了起止的类号,如"农作物"后面注明 I013—31,那就必须翻阅类表,才能决定类号。应当指出,布朗这种单一索引是许多分类学家如谢尔斯、布立斯·麦特考夫等认为不能满意的。

四、分类实践

1. 利用 SC 进行分类,必须首先确定图书的主题,即研究的对象。对于复合主题,尤其要辨明其中的具体的部分和一般的部分,即分别其具体对象和一般观点,而按照具体对象归类给号。在决定类号的时候,应当记住 SC 的三条主要原则:

(1)具体的应当胜过一般的;

(2)经常的应当胜过偶然的;

(3)应用的应当跟随着它的理论基础。

在决定主类号之后,考虑是不是要按主类表或范畴表进行细分。例如:"水的化学分析"的主题是水,应入水力学的水类(在物理学大类内),不能入化学。水的类号是 D141。但是这个类的下面有个下位类 D142 水的化学成分,因此,这个主题的类号是 D142。又如"煤炭工业经济"主题是煤,要入矿物学中的煤矿(在物理科学大类内),而不入经济学。但是煤矿类号下面没有煤炭工业,也没有按经济学的细目,必须利用范畴表中的"工业"(.64)和"经济学"(.760),因此,它的类号是 D551.64.760。

所有的主题都列在主类表内。任何主题都必须首先引用主类表的号码。因此,必须熟悉主类表的内容。如前所述,SC 的类目体系有时是同一般的习惯有很大距离的。如图画及雕塑列在总论大类内,乐谱列在物理学大类内,消防(灭火)列在化学大类内,印刷术列在语言和文学史大类内等等。在这里,分类表的索引可以给予决定性的帮助,必须经常利用它。

2. 现代绝大多数的书的主题都是复杂的,这就必须利用组配号码的方法。SC 的类号组配方式有八种:

(1)将范畴表的号码加在原号码之后。绝大多数的复合主题都是这样复分的。

例(a)农业图书目录　　类号:I000.1　(农业类)

例(b)牛的生理学　　类号:F851.388　(动物学类)

(2)利用主类表的地区号码以表示主题里的地区因素。凡类名下注明按国家分的都用这个方法。

例(c)中国西南区的植物分布　类号:E172P400,其中 E172 是地方植物志,P400 是中国的类号,取自历史大类(中国下面只有按个别省区的细目,没有大区号码,无法表示西南区)。

例(d)苏联的铁路运输　类号:B531S000,其中 B531 是铁路管理类(物理科学大类内)的国有铁路类,S000 是苏联,取自历史大类。

但是对于主要国家,可以只用一个字母和一位数字来表示。例如,上例中的中国可作 P4,苏联可作 S0,以求简短。

(3)用 + 号联结两个主类号(同一大类或不同的大类)以表示复杂的主题或多主题的书,但不要超过两个类号以上。

例(e)山水水彩画　类号:A639 + 616,其中 A 639 是山水画,616 是 A616 水彩画,省去第二个 A 号。图画分类以题材为主,工具为辅,所以 A639 写在前面。

例(f)逻辑与修词　类号:A300 + M170,其中 A300 是逻辑,M170 是修词学。取自两个不同的大类,所以要用全部号码。

如果一书主题超过了两个,应当归入可以统摄它们的上位类。

（4）在必要时,利用有关的主类号,作为一个主题的复分。

例（g）铁道工人的罢工问题　类号:B530L116,其中 B530 是铁道管理,它的下位类中没有罢工问题,范畴表中也没有罢工的号码。因此就取主类表中的 L116 罢工,作为 B530 的复分之用。

例（h）土壤流失　类号:I002D302,其中 I002 是土壤,D302 是水土流失。范畴表没有水土流失的号码,所以取自主类表。

（5）利用年代代号表以表示主题中的年代。一般只用在历史性质的主题的断代类目之下。

例（i）1939—1945 的英国历史　类号:V572sv/tb,其中 V572是乔治六世时代（1936—1952）的英国历史,取自主类表;sv 和 tb是 1939 和 1945 的代号,取自年代代号表。

例（j）1939—1945 年英国工业经济的发展　类号:L102.10V5sv/tb,其中 L102 是生产,取自主类表;.10 是历史,取自范畴表;V5 是联合王国,取自主类表;sv 和 tb 取自年代代号表。

（6）范畴表的类号可以联合使用。

例（k）工程中的光学仪器　类号:C100.167.165,其中 C100 光学,是本题的主类;.167 是仪器,.165 是工程学,都取自范畴表。

例（l）牛奶消毒装置　类号:I061.239.167,其中 I061 牛奶是本题的主类,取自主类表;.239 是加热（即消毒）,.167 是仪器装置,取自范畴表。

联合使用范畴表的时候,范畴使用的先后,应按主题的意义来决定。SC 不像后来的 CC,它没有规定联合运用范畴的规则。这里正如 UDC 一样,很容易产生分歧。

（7）范畴号之后,还可以利用主类表复分,见例（j）。

由于主类表和范畴表可以相互联合使用,所以 SC 的复分可能性是很大的。前面例（j）,是在范畴号后面先用主类号复分,再用年代号复分的例子。

（8）有些类还可以按事物名称的字母顺序来细分。例如,

L170 友谊结社,下注"按国家及社名排"。这就是,在 L170 这个号码后面,加上国家号码,再加上社名的字母而依其顺序排。这样,在待分类的同等事物的数目众多时,就有一定的次序可循了。

3. 如果有新事物出现,可以随时插入原有类号之间。这有三个方式。第一,利用原有的空号。SC 在许多类里都留有空号,以备添补新类目。但是新出现的事物,不一定恰巧是在空白的地位,这就要利用下述第二种办法。第二,把原有号码当作小数,在它后面,按照需要加上一位数字,从 0 到 9,有必要时也可加上两位或三位。这在理论上说,任何两个号码之间,都可以插入无穷的新号,而不致扰乱类目的位置次序。当然,在这里,布朗是不讲标记的等级性的(他从来不同意这一点)。第三,把新主题放在最接近它的内容的概括性主题之内,而加上.02 以表示这是一个等待重新分类的类目。例如,我们有一本讲中子的书,而表中没有中子的类号,就可以暂时给它以 B004 原子的号码而加上.02,成为 B004.02,以等待将来重新分类。

4. 有必要时,可以利用一般性类目来集中一门学科或一个专业的全部资料。这时就要以一般性类目的号码为主类号,以具体问题的类号或相当的范畴号作为它的复分号。由于 SC 采用按具体事物归类的原则,所以在一般性类目之下,只有一般性的著作,而没有关于具体问题的著作。例如,各种建筑物应按其用途归类,所以在建筑类内,没有关于各种房屋建筑的著作;各种企业经济按企业归类,所以经济类里没有部门经济;各种农作物、各种家畜分别按其系统归入植物学和动物学,所以农作物类、作物病虫害、家畜饲养类、家畜疾病内都没有关于各种农作物和各种家畜的资料。但是在一个专门的建筑学图书馆、经济学图书馆、农业或兽医学图书馆内,如果要把有关资料各自集中起来,就可以这些学科的类号(一般性类目)为主,用具体事物的类号作为它的复分。

例如,图书馆建筑本应归入 M900.183(M900 是图书馆,.183

是范畴表中的建筑）。如果要在建筑学（B300）中集中一切建筑物，就可以给以类号 B30OM900 或 B300.940（.940 是范畴表中的图书馆号），但以 B30OM900 较好。为了同样目的，高等学校建筑物的类号，可以由 A180.183 改为 B300.73 或 B300A180；旅馆的建筑可以由 I980.183 改为 B300.608 或 B300I980。这样就可以在建筑学（B300）里集中关于各种建筑物的资料了。

又如，水稻本应入 E350（植物学类），牛本应入 F851（动物学类）。但在农业或兽医专门图书馆内，可以集中在 I018 农作物类、I050 家畜类或 I120 家畜疾病类。即水稻为 I018E350，而不用 E350；牛的饲养为 I050F851，而不用 F851.584；牛病为 I050F851.507（集中在家畜类）或 I120F851（集中在家畜疾病类），而不用 F851.507。

这是 SC 中最重要的交替办法。SC 因此具有很大的灵活性，可以适应专门图书馆的要求。

5. SC 的标记符号比较复杂，在同一主类号之下，可以出现几种符号，因此就像 UDC 一样，必须规定一个排列次序。这个次序是主类号、范畴号、依主类表的复分号、年代代号、用 0—9 扩充的新类号，然后是另一主类号。现在举一例如下：

M900	图书馆史与图书馆学
M900.7	期刊
M900.183	建筑
M900.954	论文集
M900 + A009	与博物馆的关系
M901	图书馆史
M904	近代
M904P4	中国
M904P4Pa/Rt	1840—1911 年
M950	图书馆管理法

五、简短的评论

SC 的出现,标志着图书分类法中的新动向。第一,首先有意识地虽然是初步地,运用了主题分析法和组合原则;第二,指出了按研究的具体对象而不按学科性质(所谓观点)的分类原则;第三,有意识地坚持应用跟随理论的原则,打破了以理论与应用的差别作为分类标准的习惯;第四,放弃等级制的标记制度,取得了号码比较简明的效果。布朗的这些想法是在一定程度上走在他的时代前面的。因此他的理论不能为同时代的人所接受。

在我们看来,SC 的缺点正在于它过分坚持了具体对象胜过一般观点和一个主题一个位置的原则,以致破坏了类目之间的内在联系,从而破坏了学科的完整性,妨碍了系统的族性检索。例如,它放弃了艺术(美术)这个大类,使音乐、图画、雕塑、书法等等就不能统一起来;放弃了建筑学中的各种建筑物类,就不能集中关于一切各种建筑物的资料;放弃了农业中的各种作物类,就不能集中关于一切各种具体农作物的资料,等等。这就使得一本综合性论著(如论述各种建筑、各种农作物的综合著作),同专论其中一项问题(如建筑学中的学校建筑、工厂建筑,农作物中的水稻、玉米等)的著作远远地分开;而有关各种具体问题的著作,又彼此远远分开。这对于从事研究专门学科的人来说是不便利的:无法找齐关于一门学科的一般性著作和专题性著作。按学科领域来划分各种主题,固然有许多缺点;但是完全放弃了学科的分野,而只按事物(主题)划分,使图书分类体系变成事物分类体系,也是不符合实际用书要求的。因为科学研究至少在目前很大一部分还是按照学科分工进行的,尽管在进行研究时需要利用各门不同的学科知识。忽视这一点而机械地坚持自己的见解,是造成 SC 缺点的基本原因。

布朗认为，从事一般研究的人可以"同样便利地"在其它类中找到所需资料。这种想法是不够现实的。因为这样的人所不知道的，正是在其它一些什么类中有关于他感兴趣的题目的材料。

布朗过分坚持应用跟随理论的原则，是造成 SC 在体系上缺陷的另一原因。

从科学和技术的最近发展，特别是在第二次世界大战以后的发展看来，我们应该承认，至少从文献使用的角度来说，科学是不能截然分为理论和应用两个大类的。技术科学的兴起，使技术脱离了完全依赖经验的水平而提高到理论上来，同时也为科学规律的应用开辟了更宽广的道路。正如布立斯后来所说的，一般性规律是专门的科学的基础，而专门科学又为一般性规律提供研究的问题和材料。它们之间的辩证的联系是不容忽视的。然而，SC 的缺点却在于机械地执行这一原则，忽视了知识领域的专门化和分工，以致和用书习惯发生矛盾。布朗似乎认为具体的事物是专门化的对象。比如说，研究煤的人，一定总是既研究它的化学、地质学，又研究它的开采、蒸馏、利用以及煤炭工业的组织等等方向。但是这种人在事实上只是一部分。从培养和研究的角度来看，仍然是按学科的领域分工的。布朗的做法，使得许多学科失去最有关系的资料，例如，农业类中没有各种农作物，化学类中没有金属元素，矿物学中没有石油等等。同时又使得一门学科之内夹杂许多不属于其研究范围的问题，例如，在物理科学中出现乐队的组织、矿业的经营，化学中出现照相艺术，经济学中出现古钱币学等等。这对于从事系统研究或学习的人是很不便利的。布立斯指出：科学和技术的联系，是有必要的，但也要有一定限度，超过了这限度，会导致相反的结果。布立斯这种说法，看来还是有一定道理的。总之，理论科学和技术科学的资料应当怎样组织，仍是图书分类学中一个悬而未决的问题。

SC 所据以建立大类次序的原则——科学的进化顺序,比起DC 所根据的心理活动原则来,是有一定的进步意义的。它考虑到科学所研究的客观对象,而按照客观的关系来排列它们的次序。这跟 DC 或 CC 所根据的主观主义的原则很有不同,这在一定程度上说来是有唯物主义的倾向的。但是,这一原则仅仅体现在大类的次序上,而在各类的内部,布朗据以组织类目的原则是表面的、机械主义的,因而产生了许多不合理的联系。例如,他仅仅因为音乐是一种运用声音的艺术,就归入声学。他因为纺织工业的原料是棉、麻、毛,就把它和农业、林业等一起归入经济生物学大类(今天的纺织业越来越趋于利用化学纤维作原料,这就更不合适了)。他仅仅因为印刷工业是印字的技术,图书馆是管理书籍的机构,就以字为标准,把它们和语言、文学等组成一个大类。这一切都是只看表面不看本质的表现。至于把图画(记录的一种形式)列入总类,就破坏了它的基本原则。可以说,SC 的根本缺点,是它的机械主义的思想方法,也就是一种形而上学的思想方法。这当然是跟编者的资产阶级立场分不开的。

总起来说,SC 就其产生的时代来说,是一部比较有进步意义的分类法。这表现在:1. 它的基本观点是有唯物主义倾向的;2. 它的主题和范畴思想是主题分析和分面标记的先驱;3. 它反对科学与技术和美术与实用艺术的人为的割裂;4. 它提出并初步试图解决分类法上的一些根本问题。但是,1. 由于编者的形而上学思想方法,SC 把一些比较合理的原则推衍到极端,造成一些不合理的类目组织;2. 由于他的资产阶级立场和当时科学水平的限制,不能反映事物之间的科学上的正确关系;3. 由于类目安排不够完全合理,因而在实用上有很多地方不符合读者用书的习惯,造成使用上的不便;4. 由于修订不彻底,特别是史地类表中,保存了许多过时的,在今天看来,甚至是错误的安排。因此种种,SC 是不能为我们所接受的。

第七章　阮冈纳赞冒号制图书分类法

冒号图书分类法（原名 Colon Classification，简称 CC），是印度图书馆学家希雅里·拉马立塔·阮冈纳赞（Shiyali RamaRita Ranganathan，1892—）所创制的图书分类法。最初发表于 1933 年。第二次世界大战期间开始为一些英国图书馆学家所注意，而加以揄扬。战争结束后，由于科学技术的飞跃发展和科技文献出版量的急剧增加，科学研究工作者日益感到迫切需要一种新的、灵活的方法来处理这一大批日见增长的文献，以便从其中迅速而准确地检索到所需要的资料，特别是关于琐细专深问题的资料。冒号分类法所依据的原理和方法，被一些文献工作者认为最能满足这种要求，因而得到很大的重视。有许多论文和专书讨论它、研究它、阐述它，以致形成了一个学派，在当代图书分类法的理论上、实践上产生很大影响。

一、发展经过

阮冈纳赞本是印度马德拉斯大学的数学助教授。1924 年被任为该大学图书馆的馆长，随即到英国去学习图书馆学。当他在伦敦大学从谢尔斯学习杜威十进图书分类法的时候，感到已有的分类法都不能适应科学的发展情况，都不能随时扩张以容纳新出的大批的科学问题。因此他决心要创造一种新的分类法。

经过几年的研究和实验,他在 1933 初次发表了《冒号分类法》。在这书里,他提出了分面标记法的理论,用冒号作为分面符号,因此定名为《冒号分类法》。1939 年出了第二版,主要扩充之处,是在大类里加进了一个"精神生活经验和神秘主义"类,并开始采用所谓八分标记法。此后,他的分类理论有了进一步的发展。1950 年出了第三版,广泛使用了"焦点"、"面"、"相"等概念。1952 年出了第四版,又提出了五种"基本范畴",采用了五种不同的分面符号,并增加了几个基本大类,大大地改变了冒号分类法的面貌。1957 年出了第五版。这一版把分类表分为两卷:第一卷适用于普通图书的分类,叫做"基本分类法",类目比前一版稍为简单一些;第二卷适用于论文资料的分类,是前一卷的进一步的细分,叫作"深度分类法"。但是第二卷只出了几个专类表,至今还没有出全。1960 年又将第一卷修订出版,作为第六版,内容有不少更动。1963 年将这一版重新付印,又作了一些补充和改动。

除了《冒号分类法》一书外,他还写了几十种有关图书分类的专书和论文。其中重要的有《图书分类法导论》(第一版,1937;第二版,1957),《图书馆图书分类法的原理与方法》(1944),《分类目录规程》(第一版,1934;第三版,1951),《图书分类法要旨》(第一版,1945;第二版,1959;第三版,1964),《分类法与国际文献工作》(1948),《分类法,编号法和检索机器》(1950),《分类法和通讯》(1951),《分类法的哲学》(1951)等等。在这些著作中,他逐步发展了图书分类理论,几乎每部书都提出了一些新的看法。为了使得这个分类法能应用到文献工作上去,他还在 1953 年主编了一本《深度分类法在参考工作上和参考资料上的应用》。深度分类法是阮冈纳赞给应用到文献工作上的分类法(即资料分类)所起的名称。此外,他还在印度图书馆协会的机关刊物上以及其它欧美图书馆学和文献工作杂志上发表文章,讨论、研究、补充或修正这个分类法的理论。

阮冈纳赞的分类理论一直在发展着、变化着。他的分类表也在经常修改变化之中。作为一种实践的工具,《冒号分类法》很少为图书馆所采用;作为一种新分类理论的实验,这个分类法却具有相当大的典型意义。它的值得注意的地方,在于它的编制技术的理论,而不在于它的分类体系。这种方法论实质上是一种烦琐的形而上学。但是西欧、北欧,特别是英国,有许多文献工作者,都在应用他的方法编制专门学科的分类法。苏联的新图书分类法也吸取了他的一些意见。现在就根据这分类法的第六版修正本,并参考以前各版和其它有关著作,来介绍一个大概。

二、基本概念和基本原理

冒号分类法的基本特征,是面的分析法(Facet analysis)和分面标记法(faceted notation)。为了论证这个思想,阮冈纳赞发展出了并且还在不断发展着一整套新的分类理论和创造了许多新的术语。这一切都是由于他企图解决图书分类工作中一个最常见的问题所引起的。这个问题就是图书分类法怎样才能随着知识(学术、图书)的发展而发展。用分类法的术语来说,就是无限扩充性(或无限容纳性),也就是对于任何新发生的主题要能随时在分类体系中给予恰当的位置和恰当的类号。如他近来所常说的,这是他所以从事于创编新分类法的原因。

1. 分类法的任务

阮冈纳赞在《图书馆图书分类法要旨》这书一开头就认为:图书馆的图书分类基本上是一种翻译工作,"就是把一部书的主题的名字,翻译成一种人为的语言,这种人为语言就是用选定的序数来表达图书的主题,并且再用另一套序数来表达图书的思想内容以外的其它特征，从而把关于同一特定主题的几种书，一一区别开来。第一种序数称为这本书的分类号，第二种称为它的书号。"这样就可以使图书馆里的无数图书，达到完全的个别化——既可以完全表达每一部书的思想内容，还可以区别思想内容相同的每一部书。

什么是一部书的特定主题呢？他以为"一部书的特定主题，就是在内涵上和外延上都同书中思想内容相等的那部分知识"。图书分类首先是"揭露图书的思想内容"。图书分类所追求的目的，就是"把图书的全部思想内容——它的全部论点，全部纵横交错的主题、形式等等——完全地、逐字地翻译成序数"。

换句话说，图书分类的主要任务在于，把每一个特定的主题译成一个特定的类号。这就规定了冒号分类法的基调：一切从标记问题出发。

2.分析兼综合的原则

阮冈纳赞认为，已有的各种分类法，如 DC、EC、LC、SC 等等，有一个共同的特点：它们都力图详细地列出人们已知的所有主题，并给予每一个主题以一个固定的类号。阮冈纳赞称这种编类方式为列举（或译：枚举）式。他指出这种方式有严重缺点。因为详尽无遗地列举是不可能的。我们不可能把过去和现在的主题都搜罗净尽；对于将来可能出现的主题，更无法预见。而且，现行各分类法所采用的标记制度，无论是小数制、序数制或其它方式，都把类目排成单向的直线，从而具有很大的拘束性。新类目不能随时给予最恰当的类号；要把已有的类目加以细分时，也往往不能给以最恰当的号码。表中未列出的主题，更不好给号。分类员往往因此感到困难。阮冈纳赞认为，对分类法的主要任务说来，现行的这些种著名的分类法全都失败了。

要避免这个根本缺点，阮冈纳赞认为，必须废除列举式的类表和单向式的标记，而采用他所说的分析兼综合的方式，即面的分析法和分面标记法。

他认为所有文献的主题，都是人们思想里的观念或概念。有些主题是一个单纯的概念，如"水"、"拖拉机"、"化学"、"经济学"、"图书馆"、"地图"等等。另一些主题则包含着几个概念，如"分析化学"由"分析"和"化学"两个概念构成；"水的分析化学"由"水"、"分析"、"化学"三个概念组成；"地质图书馆中地图编目法"由"地质的"、"图书馆"、"地图"、"编目法"四个概念组成。如果每个概念都给予一定的号码，那么，由一个概念组成的单纯主题，就可以按这概念给号；而由几个概念构成的复合主题，则可以用分别代表它的各个组成概念的号码组成类号。这就是，先把一切主题尽可能分析成它的组成因素，编成一个表，给予每个因素以一个号码；然后按照主题内容，将相应的号码，依一定方式拼合起来，作为这个主题的类号。这样，类号就可以完全表达出主题的组成因素，即图书的思想内容，而号码依其固有的序值，也就表示了主题在类目体系中的位置。先分析主题的内容，再按其组成因素配合类号，这就是分析兼综合的方法。

按照这种方式，编表时就毋需列出现成的主题，而只要列出各种因素——单独的概念，就可以够用了。概念互相配合就可以表达特定的主题。这就避免了列举一切现成主题的困难。即使有新主题出现，也可依其所含概念给号。如果出现表中所无的新概念，可以依法随时添入。这就不怕新主题无类可归了。

阮冈纳赞认为，知识领域中产生新主题的主要方式，有下列四种：

（1）深化（denudation）　即关于一个问题的深入细致的研究，如由原子的研究产生电子、原子核、中子、介子、质子等概念和知识。这就要求分类法能无限制地连续细分。

（2）分解（dissection）　即由一个问题的研究产生出新的分支科学，如关于电导的研究产生出半导体物理学，关于企业组织管理的研究产生出各种企业经济学(部门经济)等。这就要求分类法能无限制地平列划分。

(3)重叠(lamination)　即两个主题交叉而产生新的主题,如物理学与化学重叠而产生物理化学和化学物理,天文学与生物学重叠而产生天文生物学等。这就要求分类法能无限制地容纳由于各主题互相结合而成的新类。

(4)联合(loose‐assemblage)　这是一种"松散"的联系,即两个主题可以用任何"松散"的联系方式而形成新主题,如"数学与经济的关系"、"美术与道德"、"文学与政治"等等。这就要求分类法能无限制地容纳由于任何两个主题的任何联系而形成的新主题。

为了适应处理这样不断产生的新主题,阮冈纳赞认为,分类表必须在这四个方面都具有随时扩充的可能:从属类目要能无限地深入细分;同列类目要能无限地继续增加;同一类目各属项之间,要能无限地相互组配、并合而产生新类;不同类目之间,要能无限地相互联系而形成新类。他认为这里的关键问题是标记制度。过去的各种标记都是些固定的、预先编就的类号,因而把类目体系限制死了。DC的小数制虽然可以无限地继续细分,但不能满足其它方面的要求。如果我们能够找到一种灵活的而不是固定的、组配的而不是预构的标记方法,就可以适应这四方面的无限扩张。为此目的,他提出了面的分析法和分面标记法。

3.面的分析,面和点

面的分析法是分析概念内容的方法,也就是主题分析的一种方法。

按照阮冈纳赞的说法,图书分类是以书中包含的知识的类别为依据的。人类的全部知识可以划分为若干个大类和惯用类。大类和惯用类都是基本类。书中的主题总是由这个或那个基本类所包含的概念构成的。将每个基本类划分成许许多多的概念,那么,这些概念的相互组配,就可以成立许许多多的主题,而图书就可以按这些主题归类。

　　基本类是图书分类的出发点。每一基本类都可以按照许多特征来进行划分。由一个特征划分出来的一列下位概念(子目),构成该基本类的一个类列。但是有许多特征的性质是彼此关联的,这些特征可以连续用来对一个基本类进行划分。这样,由一连串特征产生出来的几列子目,就构成该类的一个侧面,阮冈纳赞称之为"面"(facet)。一个基本类可能用性质不同的几串特征来划分,因而也就可能具有几个并列的面。现在就《冒号分类法》的"图书馆学"类,摘录其中一部分作为例子来说明(改成表格式以便解说)。

2　图　书　馆　学

〔P〕按馆的类型分	〔M〕按馆藏图书类型分	〔E〕〔2P〕按工作问题分
1　超地方性的	1　按制造方式分	1　选购
11　　世界的	11　　砖头的	2　组织
13　　全国的	12　　手写的	……
14　　大区的	13　　录音的	5　处理技术
15　　省的	14　　印刷的	51　　分类法
2　地方性的	15　　摄影的	55　　编目法
21　　县的	……	6　流通
22　　市的	2　按字体分	7　参考
3　学校的	3　按语言分	8　行政
……	4　按出版形式分	……
	43　　普通书籍	
	……	

　　表内"图书馆学"是一个基本类。在按"馆的类型"分的时候,可以运用一连串分类特征,如:"超地方性的"、"地方性的"、"学校

132

的”、“专业的”等等。按每项特征划分出来的子目，就构成了不同的类列。例如：“世界的”、“国家的”、“大区的”……就是一个类列；“县的”、“市的”……是另一类列。这些分类特征所产生出来的几列子目，合起来构成图书馆学的一个侧面——图书馆类型面。同样，按“馆藏图书类型”分和按“图书馆工作问题”分，又产生了另外两个侧面——图书类型面和工作问题面。

每个概念（词，项）称为焦点（focus），如：“图书馆学”以及“世界的”、“全国的”、“县的”、“手写的”、“印刷的”等等。作为基本类的那个概念，如“图书馆学”，叫作基本焦点；面内的各个概念，如“国家的”、“分类法”等，叫作孤立焦点或孤立点。基本类和孤立点，有一个重要的不同之处：一个基本类能够自身成为一个主题，但是一个孤立点却不能自身成为一个主题；孤立点必须同一个基本类结合起来，才能成为一个主题。就上例而言，“图书馆”可以自己单独地成为研究的对象、著作物的主题（大类）；但是“世界的”、“小学的”、“手写的”、“分类”、“编目”等等，都不能自己单独成为研究对象或著作主题，而必须与“图书馆”结合起来，才能成为“世界图书馆”、“小学图书馆”、“手写图书”、“图书分类”、“期刊编目”等等具体的特定的主题（小类）。这种由孤立点和基本类结合而构成的主题，阮冈纳赞称为“复合焦点”或“复合主题”；由此构成的类，称为“复合类”。复合类可以由基本类和一个面内的焦点组成，如“儿童图书馆”、“图书馆的分类法”等，也可以同几个面内的焦点组成，如“地质图书馆地图分类法”等。

阮冈纳赞认为，现代科学技术著作的题目，绝大部分都属于复合的主题。因此，必须对每门学术的内容进行分析，以确定它们的面和焦点，才可以对每个特定的主题给以特定的类号。面的分析是分面标记的前提。

4. 分面标记、分面公式

复合主题，既然是几个焦点（基本的和孤立的）所组成，那么，

133

它的类号也就可以由组成它的各个焦点的类号拼合而成。

但是不同面的焦点，必须用不同的标志区别开来，不然就会产生极大的混乱。例如：如果各面不加以分别的话，"省图书馆"和"缩摄图书"的类号都会是215。所以，类号必然要分成几段，每段代表一个不同的面。这就要求在标记时，用不同的符号把类号分作几段以表示不同的面。这就是分面标记法，也称为多维标记法。

指示面的那些符号，称为"分面符号"。例如，符号缩摄图书的标记应写成2;15,其中的";"就是分面符号。

这样，阮冈纳赞就用分面标记法代替了以往的单向标记法（将表示不同的面的类号不加区别地连贯写出来）。结果，同一类目内可以无限制地平列许多面，而在每一面内，类列和类系都可无限扩充，一个类目可以多方向地无限制地发展。这就打破了以往分类表的拘束性。

在分面标记时，面的先后应该有固定的次序。次序不同就会产生内容不同的类。例如："地质图书馆地图分类法"这个主题，先按图书馆类型分，再按图书类型分，再按工作类别分，和先按工作类别分，再按图书类型分，再按图书馆的类型分，是会导致不同的书籍组合——即不同的类系的。因此，阮冈纳赞为每个类规定了一定的面的排列次序，这就是分面公式。图书分类时，分类工作者只要查出主题内各个焦点的号码，依次填入这个公式，就得出了这个主题的类号（例见第三节）。

5. 五种基本范畴

分面公式是怎样制定的呢？早先阮冈纳赞在《冒号分类法》第一至第三版里，把各类据以进行划分的特征，按各类自身的要求排成一定的次序，而没有一定的规律。同时，只用冒号作分面符号，不同性质的面在标志上没有差别。

1950年以后，阮冈纳赞进一步把各种分类特征加以分类，他称之为范畴化。他认为所有的特征及由之产生的面内各焦点，可

以分为五大类,称之为五种基本范畴如下:

(1)人格(Personality,或译作本体);

(2)物质(Matter,或译作质料);

(3)动力(Enargy,或译作活动);

(4)空间(Space);

(5)时间(Time)。

这五种范畴,按照具体性渐减的原则排成如上的次序。"时间"是事物存在或发生的时期;"空间"是事物存在或发生的地点;"动力"指事物的各种活动、影响、状态和问题;"物质"指构成事物的材料;"人格"则指事物本身的各种体现。他假设所有的概念(焦点)必然是这五种范畴之一的体现。基本类总是"人格"的体现;其它概念则一定属于这五种之一。他认为,性质不同的面,在任何复合主题里都应遵从这五种基本范畴的次序来排。他以 P、M、E、S、T 分别代表这五种范畴,又以、、;、:、·、' 五种符号分别作为它们的标记(在 1961 年以前,时间面的符号也是·)。因此,他的基本的分面公式就是:

,〔P〕;〔M〕:〔E〕·〔S〕'〔T〕。

这样,同一类里不同性质的面就有了一定的次序,而且各有不同的标记,不至于混淆了。例如,按照前面所引图书馆学分类表,"省立图书馆"的类号是215(,号可以省略);"缩摄图书"是2;15,"缩摄图书编目法"是2;15:55;而"省立图书馆内缩摄图书编目法"就是215;15:55。在 CC 里,"中国"的号码是41,"1900—1999年"的号码是 N。因此,"现代中国省立图书馆缩摄图书编目法"这一主题的类号就是215;15:55.41'N。

6.巡和层

阮冈纳赞还认为,动力在同一主题之内可能不止出现一次,即同一主题之内可能隐含两个或更多的表示动作、方法或问题的概念。他依次称之为第一巡(round)动力,第二巡动力,分别用 E、2E

……来表示。而在每巡动力之后还可再出现"人格"面和物质面，即每一动力概念都可能隐含着另外的"人格"或材料。他依次称之为第二巡"人格"、第三巡"人格"或第二巡物质、第三巡物质等等，分别用2P、3P……2M、3M……来表示。不过，空间和时间只能在最后一巡内出现一次。

"人格"和物质这两个范畴，在同一巡之内，可以不止出现一次，即一个"人格"概念或物质概念隐含着另一个或一个以上的"人格"概念或物质概念。阮冈纳赞称之为层(level)。因而有第二层"人格"、第三层"人格"，第二层物质、第三层物质……等等。这要分别用 P2、P3、M2、M3 等来表示。因此，分面公式可以变得很复杂。

7. 相

面的分析揭露出一个基本类的内容。但是有些主题是涉及基本类与基本类之间的关系的。阮冈纳赞称这种关系为"相"(Phase)。他把只涉及一个基本类的主题，即只包括一个基本焦点或一个复合焦点的主题，称为单相类；把涉及两个基本类的主题，即包括两个基本类中的焦点的主题，称为双相类；涉及两个以上基本类的称为多相类。双相及多相类又称为络合类(Complex Class)，以别于复合类。因为它们的成分之间的联系是"松散"的，不像复合类那样几个要素综合为一体。双相类最常见。双相类中占主要地位的类称为第一相，另一个称为第二相。阮冈纳赞在《冒号分类法》第四版里，把相关系分为六种：

（1）倾向相　即第二相是第一相所倾向的目的、用途等等，如：工程数学，就是用于工程的数学。

（2）工具相　即第二相是用来作为研究第一相的工具、方法等等，如：生物化学，就是用化学方法来研究生物现象的。

（3）观点相　即第二相是研究第一相时所采用的观点，如：法医学，就是从法律观点来阐述医学问题的。

（4）比较相　即第二相是和第一相作比较的,如:化学和物理的比较。

（5）影响相　即第二相是给予第一相以影响的,如:哲学对自然科学的影响。

（6）普通关系相　即第二相对第一相具有上述各种关系以外的任何性质的关系,如:政治学与经济学的关系。

但是自第五版起,他把观点相和工具相都改称"共同动力孤立点",不作为相关系,而加了一种差别相,即表示两个概念的差别关系。因此只有五种相关系,即(1)普通关系相,(2)倾向相,(3)比较相,(4)差别相和(5)影响相。这就和以前有所不同了。

在第五版内,他还提出,同一面内各焦点之间,也可以发生关系,他称之为"面内关系"。面内关系也可仿照上述相关系分为五种。

面、焦点、基本范畴、巡、层和相,是阮冈纳赞分类学说的基本概念,是他用以进行主题分析的主要工具。

8. 类目的排列

现在说说冒号分类法怎样组织它的体系。

每个基本类都分许多面。面内各概念(各孤立焦点)怎样排列呢? 阮冈纳赞认为,孤立点的排列必须遵照一种便于实用的次序,即"有用次序准则"。什么样的次序才是有用的呢? 阮冈纳赞认为在组织类列时,有八种可以遵循的原则:

一是数量渐增原则——即由少到多的原则。当分类特征容许按数量计算的时候,应以数量较小的居前。

二是时间较后原则——即按发生时间先后排列类目时,发生较先的居前。

三是进化较后原则——即在进化过程中,出现较早的类居前。

四是空间接近原则——即凡具有空间属性的类目,可以由近及远地排列。

五是复杂性渐增原则——即按由简单到复杂的顺序排列。

六是习惯原则——即如果不能发现其它原则来决定有用的次序时,可以遵从习惯上的次序。

七是优惠类原则,也可以称为文献保证原则——即按有关的出版物的数量由多到少地排。

八是字母顺序原则——凡不能用以上原则决定其有用的次序时,就采用各子目名称的字母顺序排列。

在组织类系的时候,最有用的次序,有下列两种原则:

第一,外延递减原则:下位类的外延必须比上位类窄。

第二,逐步转换原则:类系的开头到结束,其间只能逐步转换,不许有跳跃。

这样,他以为,在类列和类系两方面,就都可以有一个最有用的次序了。

至于大类与大类之间——不是面内孤立点之间——的排列,也要遵从有用次序准则。在这方面,阮冈纳赞认为有两条原则:

第一,具体性渐增原则;

第二,人为性渐增原则。

这是阮冈纳赞组织 CC 大类序列时所用的原则,是他特有的一种思想,也是一种错误很大的原则。将在下面(第五节)再谈。

当然,在组织体系时还要遵从逻辑上的从属原则和并列原则。

9. 标记制度

标记制度是阮冈纳赞分类学说的中心问题。前面已经谈到了一些,现在再把他关于标记制度的说法集中叙述一下。

(1)标记的准则。他把类号看作表达主题内容的人为语言,必须遵守三项准则。

①相关性准则　这就是,类号的长度(即位数)必须和它所代表的类目的级数成正比。下位类必然要包括其上位类的号码,同位类类号的前几位必然相同。从类号上要能看出类与类之间的

关系。

②表达性准则　这就是,类号必须能表达它所代表的类目的分类特征。也就是,每一个符号必须具有一定的意义。这一条准则同上一条结合起来,就构成严格的等级制标记法。

③混合标记准则　这就是,类号应当使用几种不同的符号。因为只有这样,号码的基数才大,才可以表示相当多的同列类目,才可以缩短符号。他认为,由字母、数字以及某些标点符号组成的号码系统,比单纯使用一长串字母或数字要合适得多。因此在 CC 里,他使用了小写拉丁字母、数字、大写拉丁字母、标点符号和括弧,以及→号和←等等。

（2）适应无限容纳性的措施。

在组织类号时,必须使类号能满足类列和类系的无限扩张性。

为了适应类列的无限容纳性,他使用下列的方法:

①八分法　当同列类目超过 8 个时,就以每 8 个为一组。第一组 8 个,分别以 1、2、3……8 表示;第二组 8 个,分别以 91、92……98 表示;第三组 8 个,分别以 991、992……998 表示等等。总之,9 不能作为单独有意义的类号,而只作为表示以之开头的类号是与其以前的号码同级的示级符号。这个方法还可以推广到字母,以 Z 作为示级符号,例如 NZA 与 NA、NY 为同级等等。

②集团标记法　如果一列焦点不超过 88 个,就以 11……99 表示;如果超过了,就以 111……999 表示。这种方法也有人称之为百分法。

③时代复分法　即以时代号码表示各个主题发生的年代。

④科目复分法　即以全部类表作为某一类目的复分子目。

⑤字母复分法　即以类名的第一、二字母作为复分号码,加在原有类号之后。

⑥共同焦点复分法　即运用共同动力焦点来进行类的复分。

为了实现类系的无限容纳性,他采用了下列的方法:

①空号法　这就是在两个下位类之间留下一定数目的空白号码，以便填补。

②小数制　任何类都可以无限制地继续细分。这是杜威十进法以来通行的方法。但是，这只能表达主题的逐步深化，而不能表示其它方面的发展。

③分面标记法　各个面的焦点，都可以独立地无限制地加以细分，满足多方面发展的要求。

④深化法　也即所谓"自我倾向"法。这就是同一面内一个焦点用其它焦点进行复分。如"省立儿童图书馆"，是图书馆学 P 面内的"61 儿童图书馆"和"15 省立图书馆"两个概念结合而成的，其类号为 261 - 15（短横号是深化的标志）。这是儿童图书馆的下位类；也可以倒过来分入省图书馆下面，类号为 215 - 61。

⑤面内关系　这也是关于面内焦点结合而成主题的方法。

⑥相关系　这是基本类与基本类之间结合而成主题的方法。

利用这些方法，就能够在分类表的纵横两方面都无限制地增加新类，摆脱了传统分类法的拘束性。

（3）标记的助记性

还应该指出，为了增强类号的实用效能，阮冈纳赞是非常重视号码的助记性的。助记性有三种表示方法：

第一，文字助记号，即用类名的开始字母作为符号，仿佛是一种缩写字。

第二，在分配号码时，他尽可能使不同类中的相同孤立点，具有同一的标记。如铁路总是 15、青年总是 2、战争总是 4、和平总是 5 等等。这种助记法，他称之为"已列表的助记号"。

第三，他甚至企图使性质不同，但在某一点上互相类似的概念，也具有相同的标记。如 1 总是用来代表全体、最初、最前的事物，以及在概念上或存在上与之相当的事物，如世界、整体、上帝、神、佛等；5 总是用来代表力能、光、放射、有机体、液体、水以及在概念上或存在上与之相当的事物,如外国、环境、感情、女人、和平等。他力图使每个数字都代表一定性质的概念。因而在一个新概念出现时,分类工作者就可以根据它的性质给予一定的新类号,而不致像现在一般分类工作者那样的任意给号。他称这种方式为"未列表的助记号",现在又改称为"种子助记号"。

10. 新概念和新主题的给号

阮冈纳赞认为,根据上述的种种原则,就可以解决新出现的任何概念和复杂主题。

他说:"当新主题出现而需要形成新的孤立点,或将已有的加以深刻化并编造范围和它相等的号码的时候,这些方法(即上述构成焦点的八种方法),能够帮助分类员主动应付这种形势,而无须等待分类学家的指导。正确地使用这些方法,不管分类员是谁,大体上都会运用同样的原则,得出同样的孤立点和同样的号码。"这就解决了分类工作者常常感觉到的新概念、新主题没有现成号码的困难,也可以免除各人给号不一致的缺点。他称之为"分类员的自主力"。因为这样就用不着等待编分类表的人来规定一切主题的类号了。

三、类表结构

冒号分类法的类表结构,和其它分类法完全不同。它编得非常简短,篇幅极少,但包含的类目极为丰富。它不是自始至终顺序排列的一个单一的类目表,而是一系列长短详略各不相同的概念表。在应用时,分类工作者按照主题内容的构成因素,分别摘取相应的类号,依据规定的分面公式,拼合而成一个具体的类号,仿佛用积木拼成一个图形那样。

1. 大类序列

分类表开始时的一列类目,称为大类(或主类)。阮冈纳赞的类表,是以传统的学术门类为出发点的。他认为大类的次序,只要使内容相近的彼此接近,就能便于实用,而不需要有什么客观根据或理论原则。大类的符号,主要是大写拉丁字母和阿拉伯数字,但也用了两个希腊字母和一个小写字母。他的大类的数目,在《冒号分类法》各个版本里,不完全相同。第六版第二刷(1964 年)的大类表如下:

冒号分类法大类表

Z	综合性图书	LX	药学
1	知识全体	M	实用艺术
2	图书馆学	△	精神经验与神秘主义
3	图书学	MZ	人文科学与社会科学
4	新闻学	MZA	人文科学
A	自然科学	N	美术
AZ	数理科学	NX	文学与语言学
B	数学	O	文学
BZ	物理科学	P	语言学
C	物理学	Q	宗教
D	工程学	R	哲学
E	化学	S	心理学
F	工艺学(化学工艺)	Σ	社会科学
G	生物学	T	教育
H	地质学	U	地理
HX	采矿学	V	历史
I	植物学	W	政治学
J	农业	X	经济学
K	动物学	Y	社会学
KX	畜收学	YX	社会工作
L	医学	Z	法律

阮冈纳赞认为,基本大类的数目可以随着新学问的成立而增加。他列了几个可能成为新大类的例子,如(N)会议技术,(P)通讯论,(X)管理学,等等。这些类的位置应在 Z 法律类之后。

按照他的解释,以上诸大类并不都是同等的。Z 类和 1—4 类,可以认为是一个大类——总论类;B—M 诸类,是 A 类的下位类;而 B—F 诸类,则属于 AZ 类;C—F 诸类,属于 BZ 类;N—S 诸类,属于 MZ 类;T—Z 诸类,则属于 Σ 类等等。至于 AZ、BZ、MZ、MZA 和 Σ 等类,则是他所说的局部综合类,和 A、B、C、D 等等专门学科是不能平列的。但是在 CC 类表里都作为同一类列来看待。

这个类表的次序是不能令人满意的。这将在后面再说。

2. 类的划分

每个大类的细分,必须应用面的分析法。但有些大类,不能一开始就进行面的分析,而必须先按传统习惯分为几个惯用类。有些惯用类的再一次划分还是要以习惯为准。所谓惯用类,就是一列"不是依据什么清楚的分类特征"而只是依据传统习惯区分出来的类目。例如:

B	数学	B7	力学
B1	算术	B8	物理数学
B 11	初级算术	B9	天文学
B12	数的概念		
B13	整数(数论)	N	美术
B2	代数	NA	建筑
B3	分析	NB	城市规划
B4	其它方法	NC	塑造艺术
B5	三角	ND	雕刻艺术
B6	几何	NE	玉石艺术(下略)

这些都是所谓惯用类。大类与惯用类是阮冈纳赞所说的基本类。基本类才能附有分面公式,用以进行细分。例如:

2 图书馆学,其分面公式为: 2〔P〕;〔M〕:〔E〕,〔2P〕

B13 整数(数论),其分面公式为:B13〔P〕,〔P2〕:〔E〕,〔2P〕

J 农业,其分面公式为: J〔P〕:〔E〕〔2P〕:〔2E〕

ND 雕刻,其分面公式为: ND〔P〕,〔P2〕〔3〕;〔M〕:〔E〕〔2P〕

T 教育,其分面公式为: T〔P〕:〔E〕〔2P〕,〔2P2〕

U 地理,其分面公式为: U〔P〕·〔S〕〔T〕

在分面公式之后,列有不同的面的焦点表。

由于 CC 在我国还没有译本,现在摘录两大类的类表如下:

农 业

分面公式 J〔P〕:〔E〕〔2P〕:〔2E〕

〔P〕面用途别的焦点		8	种籽
1	装饰	97	全体
2	饲料	〔P〕面的焦点〔上两列概念的综合〕	
3	食物	1	园艺
4	刺激物	15	叶树
5	油料	16	花卉
6	药物	2	饲料
7	纺织用	25	叶
8	染料、鞣料	251	草
91	粘合料	3	食物
92	肥料	31	汁
93	蔬菜	311	甘蔗
94	糖料	32	鳞茎
〔P〕面结构别的焦点		321	葱
1	汁	33	根
2	球块	331	甜菜头
3	根	333	胡萝卜
4	茎	34	块茎
5	叶	341	马铃薯
6	花	35	叶
7	果	3512	菠菜

3513	白菜	7	收获
36	花	91	名词术语等
361	花菜	92	形态学
37	果	93	生理学
371	苹果	94	生态学
372	桔	供〔E〕面 1 土壤之用的	
38	籽	〔2E〕面焦点	
381	稻	2	耕作
382	小麦	4	伤害
383	燕麦	6	改良
384	荞麦	7	保持
385	玉米	供〔E〕面 2 肥料之用的	
389	核果	〔2P〕面焦点	
38911	核桃	1	绿肥
4	刺激物	2	厩肥
45	叶	3	堆肥
451	茶叶	4	化学肥料
456	烟叶	41	氮肥
47	果	42	磷肥
471	鸦片	43	钾肥
48	籽	47	微量元素
481	咖啡	5	有机肥
482	可可	9	成品
〔余略〕		95	油饼
〔E〕面的焦点		供〔E〕面 3 种植之用的	
1	土壤	〔2P〕面焦点	
2	肥料	和〔P〕面结构别相同	
3	种植	〔2E〕面焦点	
4	病虫害	1	下种
5	发育	5	移植
6	繁殖	8	贮存

供〔E〕面4病虫害之用的 　　7　　加工
　〔2P〕面焦点 　　8　　储存
　　和"L医学"相同 　　84　　冷藏
供〔E〕面7收获之用的 　　97　　用途
　〔2P〕面焦点
　　和〔P〕面结构别相同 　　J9A　　专门化
〔2E〕面焦点连同〔3P〕 　　J9D　　　旱地农作
　2　　收割 　　J9S　　无土农作
　3　　上垛 　　JA　　体系
　4　　打场 　　JB　　　林业
　5　　清理 　　（以上除〔P〕面外，全部抄
　6　　醃制 　　录了。）

文　学
　　分面公式　O〔P〕,〔P2〕〔P3〕,〔P1〕

〔P〕面焦点
　　和第五章语言类划分相同

〔P2〕面焦点
　1　诗
　2　戏剧
　3　小说（包括短篇）
　4　信函（包括用通信体写作的文艺）
　5　演说
　6　其它散文

〔P3〕面焦点
　（1）用年代法分。
　（2）出生于1800年以后的作家，如不能确定其生年，年代部分可以只用
　　　一位符号，以后按姓名排。

〔P4〕面的焦点
　　看第一编○章的规则

146

文学类分类表的全部就是这样。其中〔P4〕面按规定是著作物面,在原则上用年代法(写作年份);如查不出年份,则可任意排,如收到先后。

从以上所引两个类表可以看出,CC 的编排形式是同我们常见的分类表大不相同的。试考察它的编制方法,就可以看出 CC 编列焦点的方法。例如:在农业类,〔P〕面各孤立焦点,都是表示作物的。它们是由"用途别"和"结构部分别"两个类列合成,而后再依具体作物给号的。如"311 甘蔗"的 3 是"用途别"的食用农作物,1 是"结构部分别"的汁,最后的 1 才指甘蔗,这是因为甘蔗是供人吃汁的农作物。其它都与此相同。如有表中未列出的农作物出现在主题里,就可按照这原则,在相应的类列里,自行增加。〔E〕面是经营、管理或研究各种作物的方法,但有些动力焦点还隐含着用以经营或研究的手段或工具〔2P〕。有些还隐含着更进一步的活动〔2E〕,如收获既含有所收作物是根还是籽等等,还含有收割、上垛等等活动。可见同一面内的焦点,有时要用不同性质的概念来进一步规定它们的意义,因此,就列出专用于划分一个焦点的另一列焦点。这也是一个面,称为"殊化面"(differentialfacet),其实就是其它分类表的专用复分表。如"土壤"、"肥料"、"病害"等等焦点,都有它们的"殊化面"。

至于文学类,则是按语种分,再按文体分,再按作者时代分,再按著作物分。这些全是"人格"面。除文体外,其余都可以利用通用复分表,所以类表就变得很简单了。

基本类还可以扩大,扩大了的基本类,称为扩大基本类。扩大的方式有两种:

(1)按不同的思想体系分 一门学科内,如果产生了不同的体系,从不同的立场、观点来阐述这门学科的全部问题,就可以用体系产生的年代的号码,加在原来基本类号之后;但是对于通行的体系,可以不加。这样产生的许多体系,构成了所谓体系面。体系面内的各个焦点,可以再按原来的分面公式细分。阮冈纳赞以"X经济学"类为例。他认为在经济学中,有古典经济体系、基尔特经济体系和共产主义经济体系等等。因此,"基尔特经济"的类号,是XN1(其中N1即1910年的号码),"共产主义经济"的类号是XN17(其中N17即1917年的号码),而"古典经济"则可以不加,即以X为类号。上面所引农业类中的"JB林业",是体系面的另一个例子。

(2)按不同的专门化分 一门学科内,如果产生了不同的专门化,即将该门学科的全部原理、方法等等应用于一定范围的对象而产生的专门分科,就可以用数字9和该专门化名称的第一个拉丁字母作为符号,加在原来的基本类号之后。如医学中的妇科、小儿科、热带医学、航空医学等。这些类构成了专门化面。如"医学"的类号是L,因此,"小儿科"是L9C,"妇科"是L9F,"航空医学"是L9T等等。上引农业类中的J9D、J9S也是这样。专门化面也可以按原来的分面公式细分。

在同一类内,扩大的类号排在不扩大的号码之后。同是扩大了的类号,体系扩大号排在专门化扩大号之后。例如:在医学类内,类号的次序是(1)L医学,(2)L9C小儿科,(3)LM自然医学。

3.附表

除了各类类表以外,还有六种附表:

第一,是共同复分表:阮冈纳赞称之为通用孤立点表,基本上以小写字母为符号,原则上适用于一切的类。其内容大体上相同于其它分类表的总论复分表或形式复分表。

第二,是时间区分表:以一个大写拉丁字母及一个或两个数字为符号。例如,N代表"二十世纪",N59就是"1959年"。

第三,是地理区分表:以数字为符号,如4代表"亚洲",41代表"中国",44代表"印度",等等。但地貌以小写字母为标记,如

"e6 岛屿","g7 山"等等。

第四,是语言区分表:以数字为符号,如"111 英语","152 印地语","41 汉语",等等。

第二至第四这三种表,大体上适用于表中注明"用时代法"、"用地理法"、"用语言法"及分面公式中的〔S〕或〔T〕。

第五,是书号表:以小写字母及数字为符号。用在分类号之后,以区别同类的书籍。

第六,是相关系及面内关系表:以 0(零)为相关系的标志,又分别以小写字母表示各种关系。这些符号写在两个有关类号之间。例如:"L0bZ 法医学"(倾向相关系),"B910m43∶63 地球与火星结构的比较"(面内比较关系),其中 0b 和 0m 是分别表示两种关系的符号。

CC 类表的结构,大体上就是这样。

四、分类实践

1.怎样给类号 阮冈纳赞认为,图书馆的分类工作,是在三级领域内进行的,编类时是这样,归类时也是这样。

一是意念级:也就是思想领域。分类时,书的主题、类的意义,都首先作为概念出现在分类工作者的思想里。

二是名词级:也就是语言领域。这就是必须用恰当的语言(词),表达出这些概念。

三是符号级:也就是标记领域。这就是必须用恰当的符号,把这些概念(词)表示出来。

他认为,不管用什么分类法,在进行图书或其它任何文献分类时,都应该遵从五个步骤:

第一,把主题分解成它的最后的组成相和相内的面,并定出面内各孤立点的名字。这就是力求精确地、完全地表达出著作物的主题。这是最重要的一步,是在思想领域内进行的。

在进行这一步时,要分析书名内各词的涵义。有些看来单纯的词,其实是很复杂的概念。例如:有一篇以"肺结核"为题的文献,必须将"肺结核"了解为"由结核菌引起的肺的病"。这就包含着三个终极概念:(1)肺,(2)结核菌引起的,(3)病。肺结核是属于医学的一个问题,是个单相类。它所归属的主类是医学。肺是人体内的器官,是医学的 P 面。病是一个问题,肺器官发生了问题,因而属于 E 面。结核菌是病因,也属于 P 面,但是从属于病,所以是 2P。这样,"肺结核"这个概念,就包括了三个概念,分属于两个面。

第二,把上一步确定下来概念的名字,按分类法的规则,排成一定的次序。换句话说,就是使它们符合相、巡、层的次序和由此产生的各面的次序。如上例,即应排成"肺/病/结核菌引起的"这样的次序。

第三,将每个孤立点的名字,译成分类表中的标准名词。上例应译成:"肺/病/结核",即〔器官〕〔问题〕〔产生问题的原因〕,也就是〔P〕:〔E〕〔2P〕。这和上一步,都是在语言领域内进行的。

第四,将每个标准名词译成号码。如上例,在"L 医学"类表内,查出 P 面内"肺"的号码为 45;E 面内"病"的号码为 4;在专用于孤立点"病"的 2P"疾病面"内查出"结核"为 21。

第五,把这些号码填入分面公式,而成为主题的类号。这就得出这篇文章的类号为 L 45:421。

如果有一篇以"肺结核的 X 射线治疗"为主题的文章,应分析为"肺/病/结核/治疗/X 射线",即〔器官〕〔问题〕〔产生问题的原因〕〔问题的处理〕〔处理的手段〕,也就是 L〔P〕:〔E〕〔2P〕:〔2E〕〔3P〕。根据类表得出类号 L45:421:3253。第四和第五两个步骤,是在标记领域内进行的。

事实上,这五个步骤可以归纳为三个:

第一,分析主题,得出它的所有终极概念。同时,确定这些概念的相、面、巡、层和基本范畴,并决定它的基本"人格",即它所应归属的基本类。

第二,将这些概念,译成分类表中的标准名词,并按该大类的分面公式排列起来。

第三,将这些词的相应号码填入分面公式。

这三个步骤,恰好和上述分类工作的三层平面相当。当然,在熟练之后,是可以不必这样按部就班的。

关于冒号分类法的运用方法,以及各类书籍在分类上的特殊问题和分类规则、各个名词的定义和各种解释,阮冈纳赞都汇集在类表的前面,编为第一编,而分类表则作为第二编。第二编末附有主题索引,编得极为概括简略,只能供分类工作者检索之用。这本分类法还有第三编,是印度古代经典的详细分类号。对一般分类员来说,必须熟习第一编及第二编,才能运用自如。

2. 书号 阮冈纳赞认为,书号的安排是图书馆分类工作的一项内容:使同类书籍个别化。他不同意按著者姓名来排列同类图书的著者号码法。他认为书号应当由下列几个部分组成:文别号、体裁号、出版年代号、入藏顺序号、册次号、附件号、评论号、评论入藏顺序号和复本号;而出版年代号,是其中的主要部分。他在《冒号分类法》第一编中,有专论书号的一章。他把书号也列成一个公式如下:

〔L〕〔F〕〔Y〕〔A〕·〔V〕—〔S〕;〔C〕:〔Cr〕

这就是:

〔文别〕〔体裁〕〔出版年〕〔收书顺序〕·〔册次〕—〔附件〕;〔复本〕:〔评论〕

3. 索书号 类号和书号合成索书号。例如:"《冒号分类法》第六版"的索书号,就是 2∶51N3/qN60。其中 2 是"图书馆学",

:51是"分类法",N3是"1930年",即该书初版发表的年代,以上构成类号。q是本书体裁——"表格式",N 60是1960年,即出版年。

这样,在整个索书号里,就不仅反映出一本书的主题的要素,而且反映出了写作方面的要素。这样,就不仅做到了给予特定的主题以特定的类号,而且使同一主题的书也有了区别,从而使得图书馆中每一册书都具有不同的索书号,实现了完全个别化的要求。

4.号码排列规则　由于本分类法所用符号的种类很多,所以在排列同类书籍或卡片的时候,必须遵守硬性规定的次序:小写字母→数字→大写字母。例如:z排在1之前,9排在A之前。但是任何号码,如果后面直接附有小写字母,则应当排在不带这字母的号码之前。例如B63y,排在B63之前。有相关系及分面符号的,其次序规定为0(相关系)、'(时间面)、·(空间面)、:(动力面)、;(物质面)、,(本体面)、—(面内关系)。

现在举一个排列的例子如下:

类号	类目	公式:2〔P〕;〔M〕:〔E〕〔2P〕
2m	图书馆学期刊	⎫
2V	图书馆学史	⎬ 前置通用类
2V41	中国图书馆学史	⎭
2	图书馆学(总论)……基本类	
20aW	图书馆与政治的关系……相关系	
2'M	十九世纪的图书馆…时间面	
2.3	英国图书馆事业…空间面	
2.31'N5	1950年英国图书馆概况…空间及时间面	
2:51	图书分类法	⎫ 动力面
2:7	图书馆参考咨询工作	⎭
2;46	图书馆的期刊工作…物质面	
2;46:6	图书馆的期刊流通工作…物质及动力面	

22	市图书馆…"人格"面
234	大学图书馆…"人格"面
234'N6	现代大学图书馆…"人格"及时间面
234.3	英国大学图书馆…"人格"及空间面
234.3'N6	现代英国大学图书馆…"人格"、空间及时间面
234:6	大学图书馆的流通工作…"人格"及动力面
234;46:6	大学图书馆中期刊流通工作…"人格"物质及动力面
234;46:6.3'N6	现代英国大学图书馆的期刊流通工资作…"人格"、物质、动力、空间及时间面

这个排列次序是(1)图书馆学综合性著作,(2)图书馆学系统著作,(3)各时代图书馆事业,(4)各国图书馆事业,(5)图书馆各项工作,(6)图书馆中各种藏书,(7)各类型图书馆。但是这一点在分类表里却看不出来。

五、简短的评论

阮冈纳赞的冒号分类法和他的分类学说,是当代资产阶级图书分类法中影响最大的一派。尽管冒号分类法本身不是怎么广泛地为人采用,但阮冈纳赞所宣扬的那种理论,却在外国图书分类的理论和实践中,特别是在文献工作者当中,产生了很大的影响。有人甚至推崇他的学说是图书分类法中的一种"革命"。这个学说涉及的面很广,详细评论不是本书篇幅所能容,现在只分三个方面简单地谈一下。

1.阮冈纳赞的成就是什么

阮冈纳赞的学说是有许多新东西的。

第一,他的面的分析法提出了一种新的主题分析方法。分面标记法用分析兼综合原则,代替列举原则,基本上解决无限容纳性的问题,而且大大地缩短了分类表的印刷篇幅。

第二,分面公式的应用,使得类号的编制,有一定的轨道可以遵循,能以避免对复合主题给号的不一致。

第三,他对图书分类的全部问题,从分类的逻辑,分类的目的和作用,类目的编定,体系的结构,标记的制度,直到归类的规则和目录的编排,都提出了一定的看法,构成了一个完整的理论体系,进一步把图书分类法从实用技术提高到理论科学,对图书分类法的研究起了相当大的刺激作用。最后还该指出,他的分析兼综合法,为资料检索工作的机械化提供了一条方便之路,对文献工作的发展有一定的好处。

但是,我们也不要过高地估计这种成就。

首先,他的学说,在实质上只是一种方法沦,而且是一种编制技术的、特别是标记法的方法论,没有解决图书分类的实质问题。他把图书分类归结为把图书主题译成号码的工作,"分类表只是一部供翻译用的字典",分类也就成为一种只按号码集中资料、查找资料的手段。类的划分和类的系统,特别是大类的类目和次序,不需要什么理论原则作为依据,而只是一种便于实用的安排。这样,他的全部分类学说,便成了一些怎样把图书的主题变成标志符号的方法。对于究竟应当设立些什么类,凭什么标准设立这些类,为什么这些类要这样划分,他都没有给予应有的讨论。这就把图书分类看成是一种脱离知识内容的、形而上学的、形式主义的、空洞的概念排列法。

正是由于这一点,阮冈纳赞在接触到图书分类的实质问题时就暴露出极严重的错误。这将在下面再谈。

再者,阮冈纳赞并没有能够把他的方法论贯彻到他的《冒号分类法》中去。例如:按照八分标记法的要求,数字9是不能作为实质的号码的。但是《冒号分类法》中却有"B9 天文学"、"D3,9房屋通风"、"E9 生命物质"、"S9 动物心理学"、"X:9 人事管理"

等等,直到第六版,都因循未改。又如,体系面是以年代的号码,加在主类号码之后作为标志的,因而是双字母的标记。可是在第五版里,"N 美术"类又以两个大写字母作为第一度复分标记,这就使得惯用类和扩大类的类号,在形式上没有区别,而这是他的标记理论所不能允许的。像这种自乱其例的例子,在他的分类表中,还可找出许多。

由此可见,阮冈纳赞的成就是有很大局限的。

2. CC 的实质是什么

(1)CC 的大类是不合理的　前面已经指出,CC 的大类只是西方学术界的传统学科。他毫无批判地接受了它们。他说:"选择什么学科作为大类,完全取决于它们之间彼此独立的程度。它们的次序,完全取决于它们在同等地位的基础上的亲疏关系。"但是在 CC 的体系里,他并没有证明大类之间的彼此独立性。许多分类学者早已指出这些学科内容的交叉性。他自己也承认了这一点。在《冒号分类法》第一编里说:"各个大类之间的界限,是既不清楚、又不确定的。各门学科通常彼此互相渗透,其间界限时时移动。因此,唯一能使这些名词变得确切的办法,就是用连续划分来规定它们的内容。……只有细心注意这样划分出来的子目,避免彼此交叉,以达到这些大类的彼此排斥。"

另一方面,它的大类也不是都彼此处于同等地位的。这在前面已经说过了。由此可见,它的大类的设立是不符合理论要求的。

(2) CC 的体系,是以反科学的神秘主义为基础的　CC 的大类次序是根据什么样的亲疏关系建立起来的呢?他说:这个体系是以"△神秘主义和精神经验"这个大类作为中心的。"这个类收容了超智力的,由直觉得来的知识。"这种知识不借助于人的认识作用或感官作用,而直接体会了"自在之物"的真实性质。这是"最精粹的"、"最具体的"、"最自然的"、"最完美的"知识。在这个中心的一边,排列着一系列从数学开始的科学;这些科学,随着其内容的"具体性的逐渐加强",而逐步渐近于中心。在中心的另一边,排列着另一系列以美术开始的科学;这些科学,随着其"人为性的逐渐加强",而逐步远离于中心。这就是说:神秘主义是最真实的知识;物理科学和生物科学都是带有抽象性质的,而数学最为抽象,所以排在最前;人文科学和社会科学都是带有人为性的,而法律是人为性的顶点,所以排在最后。一切科学都不如神秘主义和所谓精神经验的真实、具体而完全。这就完全暴露了这个体系的反科学的、主观唯心主义的本质。

他的神秘主义,还表现在他对"五种基本范畴"的解释上,特别是对"人格"范畴的解释上。"人格"是基本范畴中最重要的一种。"人格形成了其它一切基本范畴的依据,主体和所在地。""人格"的主要表现是基本类——大类和习惯类。然而"人格"是什么呢?他认为,这是一个"不能下定义的"概念,是"不可捉摸的"。在分析主题的时候,只能用剩余法去认识它。这就是说,把一个主题的各个组成概念都分别归属于其它四个基本范畴之后,剩下来的就可以认作"人格"的体现。然而它却是任何一个类的主体,主题归类时,首先必须确定它的"基本人格"(基本类)。这就把归类的基础,放在一种不可捉摸的领域内。那么,分类工作岂不是变成一种非理智的、甚至反理智的工作了吗?

(3)CC的类目序列是不便于实用的 尽管阮冈纳赞一再强调类目的序列,应当遵从一种有用的次序,但是,由反科学的知识观所产生的大类序列,必然是不能令人满意的。虽然有人称赞他把工程学和物理学、化学和化学工艺相随排列,便于实用;但是把地质学和采矿学放在生物学和植物学之间,无论从理论上或从实用上说,都是没有理由的。把电工列入机械工程,晶体学列入矿物学(在地质学内),天文学列作数学的下位类,也是沿袭某些早期分类法的错误,不符合目前科学的状况。至于用希腊字母为符号,更非一般人所熟习。第六版虽改了一些,但改而未尽,可谓进退失据。而△类的设立,更是十分明确地反映了他的民族偏见和他的唯心主义本质,完全不符合科学要求。

他的分面公式,也分散了一些科学中的主题。例如:他把解剖学、生理学、组织学等等都看作是主题的"动力面",因而关于这些科学对一种生物或具体器官的研究,都要依其"人格"面,即物种或器官归类,因而在这些科学里便缺少了一个重要部分。这虽然有集中关于具体主题的资料的优点,但却分散了一些科学的内容。并且由于他坚决反对分类法中的交替类目,还反对这种性质的书籍在分类目录中的互见(他只容许多主题的书,而不容许多方面的书在分类目录里互见),就连补救的办法都没有了。这哪里还说得上实用呢?

(4) CC 的类号是复杂的、烦琐主义的、不便于实用的　阮冈纳赞非常重视类号的表达性,坚持类号的组成部分要和主题的全部内容相等,把类号看作是主题的逐字翻译。结果,主题的内容越复杂,类号就必然越长,有时长达三、四十个符号。这样长的号码,无论在排架上和目录上,都是无法运用的。类号应当和主题内容同样深广,这种说法,即使是一向拥护阮冈纳赞的人,如鲍默尔,也是不赞同的。再加上符号种类复杂,五花八门,眼光缭乱,人为地规定次序,难以记忆。这完全说不上实用上的便利。分面公式看来简单,但一经他的分析,面中有层、有巡,而巡之中又有层、有巡,一再循环,渺无止境。分析愈细,层巡愈多,标记就越来越复杂。这真是烦琐哲学的典型。

(5) CC 的政治立场是资产阶级的　还应该着重指出 CC 在政治上的资产阶级本质。它的编者完全站在资产阶级的立场,歧视任何与马克思主义有关的思想和科学。例如:在"X 经济学"类内,把共产主义列为经济学各种学派之一,要用体系号 XN17 表明。这就贬低了共产主义的地位,把它和资产阶级政治经济学各派别混淆了起来。而关于古典的资产阶级经济学,则不用体系号表示,这恰好明白暴露了他的资产阶级立场。此外,在哲学类没有辩证唯物主义和历史唯物主义,在政治类没有阶级和阶级斗争,而在"Z法律"类〔P2〕面"5犯罪"下面,却有一个什么"5W7煽动阶级仇恨"类!所有这些都表明,这个分类体系是什么阶级的意识形态的体现,是为哪个阶级的利益服务的。

尤其使人不能容忍的,是他的地理表。这是《冒号分类法》中一个共同复分表。在1963年增补的第六版中,还保存着一个1947年印度和巴基斯坦分治以前的印度地区表,把巴基斯坦的各省,夹杂在印度各区、各邦之间,而喜马拉雅山麓的国家——尼泊尔、不丹、锡金——也夹杂在印度各邦各区之间。虽然在这个表后面附了一个印巴分治后的地区表,分别给巴基斯坦、尼泊尔等以新的类号,可是为什么还保留着那个旧表呢? 此外,在"43东南亚"下列有:

431	印度支那
4311	安南
4312	老挝
4313	交趾支那
4315	柬埔寨
4317	东京

越南一国被分为三块,完全保存了法国统治时期的区划。并把我国的台湾列在"42日本"之下,作,"4295福摩萨"。这一切已足够说明,这个表的编者是如何留恋于旧日的殖民统治了。

但是,还有绝大的荒谬:在"41中国"下面,只列有十八省,而东北三省、新疆、西藏却被同朝鲜、阿富汗一起,题为"49其它亚洲国家":

491	阿富汗
494	满洲
495	朝鲜
496	蒙古

497　　　　新疆

498　　　　西藏

于是,中国的省区变成了"亚洲国家"。中国的范围,被限制为十八省。青海、宁夏都不见了,台湾还是在日本帝国主义的一个部分。"蒙古"也不知所指的是蒙古人民共和国,还是我国的内蒙自治区,还是两者不分。所有这一切,难道仅仅是编制技术上的错误吗? 这个分类法是为什么目的服务的,还不一清二楚吗?

3. CC 的形式主义导致相对主义和虚无主义,从而否定了图书分类的科学性

在阮冈纳赞的《分类法导论》(1957 年,第二版)里,他的形式主义还使他走上了相对主义和虚无主义。他明白提出,关于大类次序问题的争论是完全"无益的",因为这个问题是"无法解决的"。为什么呢? 他是从数学上来看待这问题的。按照数学上的排列原则,一定数目的个体,每次将全部个体重行排列,那么,可能的不同排列的数目就等于这个数目的阶乘积,即 N! 这样,如果有10 个基本大类,就有 10! 即 3,628,800 种不同排列的可能。按照阮冈纳赞的意见,其中有很多是"无用"的排列,但是其中也有许多是"或多或少同样有用的",要在这样大的可能中,挑出一个"最有用的"次序,是非常"冒险的"。因此,他得出结论:"关于这方面的争论,大部分即使不是毫无意义的,也是无的放矢的。"不仅大类的序列没有一种最有用的次序,就是在一个类列之内也是这样。因为许多类列的类目都不止一个,按照上述的推论,要指定其中一种排列次序是最有用的,就"太不聪明"了。而且一个面里,不止一个类列,那么,这些类列的次序,也是难以决定的。不仅类列的先后难以决定,就是类系中类目的先后,即先用什么特征分,再用什么特征分的问题,也是同样难以决定。因为这里同样有许多种可能,而其中有些是"或多或少同样有用的","硬说其中一种最有用,只能是盲目地信赖一种教条。在这个问题上争论是毫无目的

的。"一句话,任何单线排列都多少有点用处,"最有用的单线次序问题,是一个无法解决的问题。"那怎么办呢? 于是他就建议,我们不必去评议分类体系的好坏。他说:"印度的潘查希拉政策,应当在知识体系的世界里得到贯彻。应当向那些乐于提出不同的知识体系的人,保证和平共处!"因此,他认为现行的七种分类法的大类次序,"都是或多或少有用处的"。我们只要"赞赏它们各自的用处",而不必去"找它们的错"。因为,这种争论,在他看来,是"徒劳的"。这样,阮冈纳赞就完全否定了知识分类的客观性,完全否定了图书分类的科学性,也从而推翻了他自己在分类系统方面的一切努力。

但是在实际工作中,毕竟不能这样"和平共处",我们只能选择一种。哪一种呢? 阮冈纳赞以为,这些"或多或少同样有用的知识体系,并非都能同样地作为图书馆图书分类的根据。这种适宜性,将不得不取决于标记法的要求。"而标记法最重要的要求,就是要能够随时扩充而不牵动全局。不言而喻,这只有他的"冒号分类法最能符合要求"了。这样,图书分类法的好坏,便完全取决于它的标记制度了。他的虚无主义观点,导致了极端庸俗的实用主义和形式主义——标记制度决定分类法的好坏。

这是非常奇怪的谬论! 难道图书的类,也就是知识上的类,只是些彼此孤立而没有本质上内在联系和差别的东西,像代数学里的符号一样? 难道类与类之间的关系,不是由它们自己的客观性质来决定,而是由分类学家抽象地、按数学公式来任意排列吗? 所谓"或多或少有用的"序列,它的用处从何而来呢? 难道不是来自它们之间的客观关系,而是分类学家强加给它们的吗? 在图书分类问题上,最大的实用性就是它的科学性。分类学家的根本任务,在于找出一个能够符合读者用书需要的图书组织系统。由于读者用书的需要,总是以书籍内容上的关系为基础,所以只有根据客观关系而建立的体系,才能满足最大多数读者的最经常的需要。

阮冈纳赞抽去了类的内容实质,不去研究客观关系,而只考虑它们的外在的、空洞的逻辑形式,只从数学上论证它们的多种可能性,这就只能陷在形式主义的泥沼里了。他所提出的有用次序原则,也都是逻辑形式上的要求,没有接触到知识类目或图书类目的实质。因此,到了实质问题上,他就无法辨别是非,而只有一方面提出"和平共处"的谬论来拒绝讨论批评;另一方面提出标记制度决定分类法好坏的谬论,来为自己反科学的、以神秘主义为中心的CC体系争取生存之地了。

总起来说,阮冈纳赞从企图解决无限容纳性这一正确问题出发,提出了面的分析法和分面标记法,进而发展出基本范畴和点、面、相、巡、层等理论,对分类的逻辑作了深入的探讨。但是他抽去了类目的内容实质,而只考虑它的形式,因而他所注意的问题,实质上是一个标记法问题,也就是说,是一个编制技术问题。他的理论,归根结蒂是一种标记法的理论,不能解决图书分类体系的实质问题。他因而陷入了形式主义的泥坑,变成一切从标记制度出发。

由于他回避了图书分类的实质问题,因而在类目体系上,他只能采取庸俗的实用主义态度:接受传统的学科领域,站在资产阶级的立场,运用主观唯心主义的方法,只求创造一套新的标记来更好地为检索主题服务。这正和杜威的态度一致。他没有能够逃出杜威的传统。

正是因为这个根本错误,所以CC体系的缺点是极其严重的。它的大类是传统的,它的组织原则是神秘主义的,它的子目划分在许多地方是不符合当前科学实际的,它的类号是烦琐主义的,它的立场是资产阶级的,他的说法越来越玄虚繁琐。其根本错误,就在于他抛开了类的实质而只考虑它的形式。

第八章　布立斯书目用图书分类法

　　书目用图书分类法（原名 Bibliographic Classification，简称 BC），是美国图书馆学家亨利·厄维林·布立斯（Henry Evelyn Bliss 1870—1955）所创制，最初发表于 1935 年。在现代欧美资本主义国家图书分类法中，BC 出现较晚，流行还不广，但它是作者长期研究图书分类理论的结果，是作者思想成熟后的产品。在它正式发表以前，布立斯已经陆续发表了两册关于图书分类理论的专著。我们知道，DC、EC、UDC 和 LC 的编者，对他们的体系，都没有给予理论上的论证。SC 的编者，虽然提出了一套理论，但是很简单概括。只有 BC 和 CC 有自己专门理论著作。但是 CC 的编者是先编有类表而后才进一步研究理论的，而且是受了布立斯的影响的。所以 BC 在这些分类法中，可以说是唯一根据预先建立的理论编制起来的分类法。

一、发展经过

　　布立斯是美国纽约市学院图书馆的副馆长。早在 1910 年，他就曾经发表文章，提出他对图书分类的看法。此后，他对图书分类法在图书馆中组织知识的作用，进行了长时期的理论探讨。1929年，他发表了《知识组织和科学体系》。在这书里，讨论了一般分类问题以及欧洲思想史上著名的知识分类体系,为 BC 打下了哲学的基础。1933 年,他继续发表了《图书馆内的知识组织和图书的按主题查寻》一书。在这书里,他仔细研究了图书馆里的图书分类问题,讨论了类表的编制原则、标记制度和分类规则,并批评了当时流行的几种主要分类法。这本书对知识分类和图书分类的关系,作了深入的分析研究,提出了图书分类法的基本原则。1935 年,他以《书目用图书分类法的体系》为题,正式发表了 BC 的简表。第二年又随即修正再版。在这书的导言里,概括地举出了 BC 所依据的原则,并对各门学科分类的重要问题,作了简要的讨论,是了解 BC 体系的最好的引言。1940 年开始出版详表的第一卷,包括导言及哲学和自然科学的类表。1947 年继续出版了第二卷,包括人类科学和社会科学的一部分。1952 年,又将这两卷略加修改,作为第二版问世。1953 年继续印行社会科学及人文科学部分,完成了类表的全部。同时,又出版了一厚册总索引。

这部分类法的全名是《书目用图书分类法,连同系统的辅助表以供综合地指明主题和标记之用》。正如作者在第一卷的序言中所说的,其所以名为"书目用图书分类法"是因为"这部详细的分类法不仅可以供图书馆图书排架,而且可以供主题目录、联合目录、专题书目以及其它更专门的书目工作之用"。所谓"综合",则"表示系统辅助表的进一步发展,并且认为它比杜威的号码编造法,奥特勒的附加符号,克特和布朗的累赘的附表以及阮冈纳赞的各种设计都更为经济,更为有效"。从这里可以看出,BC 是作者在研究了各家分类表的基础之上发展出来的。

但是 BC 在美国很少受到注意。除了它的产生地以外,很少有图书馆采用它。可是在英国,它却得到相当的重视,大约有六十多所图书馆(多半是政府机关图书馆)采用它。还在伦敦成立了布立斯分类法英国委员会,担负维持和修订的任务。委员会并和原书出版者威尔逊公司合作,大约每年出版一次《布利斯分类法通报》,报道这个分类法修订增删的材料和解释它的使用方法。这就使得这个分类法在作者逝世以后,还可以继续发展。

二、基本原则

如上所述,布立斯是在研究了并确定了他的分类原则之后,才着手编定 BC 的全表的。所以这个体系是有它的明确的理论基础的。他在全表第一卷的卷首,把自己的理论作了一个简明扼要的综述。他说:"在科学、教育和社会的各种体系里,由科学家们和教育家们一致同意而建立起来的各种知识、思想和目的的组织(体系),虽然是不完全的,但是可以提供——虽然也是不够完善的——图书主题以及书籍或其它资料的分类法之用,并且就各种不同的兴趣和目的相对地说来,是具有最大限度的效用的。这样的分类法,主要取决于把相关的专门主题(或下位类)正确地从属于有关的一般主题(或类);而最大限度的效用,也取决于把密切相关的下位类有目的地并且便利地配置在有关的一般性的类之下。这种相对的最大效用还导致许多交替的位置,以满足不同的兴趣和见解。这五条原则,即从属原则、配置原则、最大效用原则、分类法相对性原则和交替位置原则,是任何分类法理论的基础,也是我们提出的书目分类法的基础。这就是这些原则和这种理论的最概括而简要的陈述。"(第一卷第二版第二页,着重点原有)现在就来阐述一下他的见解。

1. 科学上和教育上一致同意原则

布立斯的基本原则是:图书分类是组织知识的工具,必须以知识分类为基础。在人类知识的漫长的发展过程中,科学家们和教育家们逐渐建立起了一种比较一致的知识门类秩序。这就是,对于知识应该分成一些什么主要门类,它们的领域范围和相互关系,都有一种大致相同的看法。这种看法,反映在科学研究机关的业务规划上和教育机关的课程设置上。从这些方面,我们可以觉察出科学上和教育上对知识组织的大体一致的意见,而图书分类就应当以这个科学上和教育上的一致意见作为基础。布立斯进一步认为:这样的一致意见是"同自然界常存的秩序相对应的",因而是有客观基础的。古往今来的知识分类,虽然千差万别,但是这种差别是由不同的实用目的和兴趣所产生的,因而是相对的。经过深入分析,可以看出它们之间一直有一个大致相同的轮廓,这个轮廓就是客观自然界秩序的反映。图书分类应当以这个轮廓为基础。因为"图书分类法就是知识的组织结构。⋯⋯如果它能够基本上符合于由科学上和教育上的一致同意而建立起来的知识组织","它就可以在为了不同的用途和不同的要求而这样或那样类集图书时,以最大限度的效率,发挥知识在组织方面的作用"。"如果不这样的话,它就会失去它的适应性、它的效率和它的教育价值"。

必须把图书分类的科学性和实用性结合起来。"使图书分类符合于科学上和教育上的一致意见,就是使它更加合于实用。对逻辑的和科学的知识组织也应当加以调整,使适应于实际的需求,适应于各种不同的书目工作和必要的经济措施。"图书分类法自身,应当具有"知识上的和教育上的价值"。图书分类反映这个一致的意见越密切,它就越稳定,越灵活,并且越有效率。其所以稳定,是因为科学所观察的客观世界是稳定的。其所以灵活,是因为这个意见的相对性质,使分类学家能够看出它们之间的不同点,从而知道在什么地方设立交替类目来进行调整。其所以更有实效,是因为分类法的效用,在很大程度上取决于彼此有关系的那些学科是不是有效地联系在一处;而遵守这种一致的意见,就能给有效的联系以高质量的保证。由此可见,按照布立斯的意见,图书分类,不仅是一种组织知识的工具,而且是一种有客观基础的知识分类。这就使得他同从实用主义和主观主义出发的 DC、UDC、LC 和 CC 都大不相同。

2. 从属性原则

类目之间的从属关系是布立斯特别关心的问题。这是体现分类法的逻辑性和科学性的关键。分类法的组织作用，就在于此。从属原则表现在两个方面：

首先是使特殊性的学科（主题）从属于一般性的学科（主题），也就是遵守从一般到特殊的原则。这是一切分类法所遵守的外延递减的原则。

其次是遵守逐级专门化原则（Gradation by Specialty）。布立斯认为，一切的科学，依其所专门研究的范围而发生了依存的关系。有些科学所研究的是一般性的普遍规律，而其它一些科学则只研究自然界某一特殊领域内的专门性规律。在研究这些专门性规律时，要利用那些一般性科学中所已经证明的规律作为工具，因此就对那些科学发生了依存关系。例如：物理学研究物质的普遍规律，是一门一般性的科学；化学就要应用物理学的规律来研究原子的运动，因而对物理学说来，是一门特殊性的科学。生物学只研究自然界中生物的性质，需要应用物理学和化学的规律，因而是更为专门化的科学。植物学和动物学，对于生物学也是这样。各门工程学、工艺学，对于各门基础科学的依赖就更大。至于研究人类身体及其社会活动的科学，又要以生物学的规律为基础，因为人也是自然界的一个组成部分。因此，在分类体系里，不仅要使各门科学之内的问题有特殊从属于一般的关系，而且各门主要科学之间的次序，也要按照专门化的等级表示出依存的关系。

按专门化定等级的原则，意味着"每门比较一般性的科学的概括和规律，都在某种程度上适用于一切较专门的科学。一般性科学的方法，在一定范围内，也有这种情形。而有时专门性科学的方法，也有助于解决一般性科学的问题。……但较专门的科学的真理和规律,却很少能应用于较一般的科学,或解决它们的问题;可是专门科学,却提供一般性科学概括并从而得到证实的资料。"(《知识的组织》第217—218页)这样就存在着专门科学依赖一般性科学,各门科学的相互依存,以及专门科学从属于一般性科学的亲疏关系等等原则。布立斯认为这是分类的要点。BC 大类的设立和次序,就是根据这项原则的。在 BC 里,每门主要科学,就一种意义来说是独立的,是和其它姊妹科学平列的;而在另一意义上却又是从属于在前的科学,从属于它由取得自己的概念和原则,并通过专门化派生出来的那门科学的。换句话说,大类类列的次序,决定于专门化的等级,因而也就是客观的次序。

3. 配置原则

配置原则,也可称为联系原则,指的是把最密切相关联的学科(主题),配置在相近的地位。这是增加分类法实用价值的一项重要措施。布立斯对此极其重视。从属原则和按专门性分级原则,是为了解决类系的类列的问题的。但是学科与学科之间的关系是多方面的。比如:教育学从研究范围看,是包括在社会学(布立斯用以称呼社会科学的名词)之内的,是它的一个特殊领域,所以应该从属于社会学;但教育学又是心理学的应用,在实践中,教育学和心理学总是密切关联的。而心理学却是研究人的心理过程的,是人类科学的一个分支,不在社会学范围之内。根据从属原则,教育学和心理学在类目体系里就可能相隔很远。布立斯认为这样是不便于实用的。因此就把教育学配置在心理学之后,使两者靠近。又如某些技术科学,是同它所从出的基础科学有极为密切联系的,如电工对于电学,化工对于化学等,布立斯也就把它们配置在一处。语言是社会科学中所研究的重要通讯工具之一,但是在运用上和学习上,它同文学的联系更为密切,布立斯也把它们放在相近的地方。这就是配置原则的运用。这虽然背离了从属原则,但在科学研究上和学习上都更加方便。

配置原则不仅适用于大类的排列,也适用于一门学科之内的各科主题的排列。仔细考察一下 BC 的类表,就可以看出。

4. 分类法的相对性和交替类目原则

BC 提高分类体系的实际效用的另一重大措施,是设置大量的交替类目。这是根据知识的相对性和类的相对性而来的。前面说过,科学上和教育上关于知识组织的一致意见,只是比较地说的。由于在不同的条件下有不同的兴趣和目的,所以这种以自然秩序为基础的、逻辑的和科学的知识组织,有时不能完全符合实际的直接目的而必须加以调整。一个通用的或普通的图书分类法,特别是在它应用于一种专业的时候,应当使自己有充分适应各种专门需要的可能。为了满足这一需要,BC 设立了大量的交替类目和处理类目的交替办法。例如:"图书馆学"类,既可作为列在一切类目之前的前置类之一(类号 2),又可作为最后的一个大类(类号 Z),也可作为"教育"的一个下位类(类号 JV)。电气工程既可列于"B 物理学"类,也可移到"U 实用工艺"类,和土木工程、造船工程在一处。"宗教"既可作为社会现象之一,和"伦理学"合为一个大类(类号 P),也可作为哲学问题之一,列入"哲学"类(类号 AJ)。这些都是交替位置,各图书馆可以按自己的需要,选用其中一个。

BC 还在一些类内,提出了交替的处理方法。例如,在文学类内,他提出了四种不同的处理可能:

(1)将文学史和文学作品分为两个部分。个人作品按作家姓名分;总集又另成一类,按文体分。作家研究和传记,或者分入文学史,或者随作家分入各人名下。

(2)文学史、个人文学作品、总集和作家研究,一律按历史时代分。

(3)对古代文学,按(2)法分;对近代文学,按(1)法分。古代作品总集,按时代分;近代总集按文体分。

（4）古代作品按（2）法分，近代作品按文体或内容分；关于近代作家的研究、批评和传记，归入文学史。

这就使文学书籍分类有各种可能，图书馆可以按需要选用其一。此外，对于传记，对于各国历史和地理，对于哲学家著作，对于经济史和地理，以及其它社会科学，都有类似的交替办法。

总之，布立斯承认人们对于学科（主题）之间的关系可以有不同的但是合理的看法，从而设立了大量的供选择用的类目。他以为只有这样，才能使一种普通分类法适应各种不同的专门需要。这恰好同阮冈纳赞的看法相反。

由于配置原则和交替原则的运用，就使实际的图书分类和纯粹的、科学的和逻辑的知识分类有所不同。但是布立斯着重指出，这种不同并不是绝对的，两者基础还是一致的。

5. 标记制度

布立斯对于标记制度，也进行了深入的研究。他提出四条原则：第一，标记制度是为分类体系服务的，不应当使分类体系迁就标记，不应当因标记制度而妨碍体系的要求。第二，标记制度最重要的性质应该是简短性，这样才方便工作。据他的研究，标记的长度最好不要超过四个号码，他称之为"经济的限度"。要达到这个目的，就应当采取基数最大的符号。因此，他就采用了以大写拉丁字母为主，阿拉伯数字为辅，间或添用小写字母的混合号码制度。他以大写字母分配给一切主类和某些专用的复分表，以阿拉伯数字表示前置类和某些通用复分表。这样，每一度划分，就有平列三十五个同位类的可能。第三，他认为必须放弃等级制的标记法，因为等级制必然会导致冗长的类号。他以为标记的主要作用只在于保持类目的顺序，我们只是利用符号本身固有的顺序来固定类目的顺序。因此没有必要用类号来表达类目的意义。编制类表的人只应该按类的内容来分配号码，而不必管它的等级。内容复杂的类可以多占用号码，内容少的可以少占号码。重要的、常用的类，号码更要简短些;不重要的、不常用的,不妨长些。根据这种原则来分配号码,结果 BC 的类号,就成为我们所研究的几种分类法中号码最短的,平均不过四、五位。当然,在用复分表组配时,类号可能长至八、九位。但是比起其它分类表来,还是短的。第四,标记应当采取组配法,他称之为综合标明原则。他认为,综合标明原则是增加分类表的效用的一种有效措施。它可以充分地、明细地表示一个复杂主题。利用这一原则,类表的组织还可以表现得更加清楚,篇幅也可大为缩短。为了这个目的,他编制了许多共同复分表和特殊复分表,称之为通用的和专用的辅助表。

布立斯还认为,标记的符号种类不宜太多。他反对 UDC 和 CC 的复杂的符号。他只用逗号","来作为复分的标记。不过在第三卷里,他有时也采用了短划"—"和其它一些符号。根据布立斯分类法英国委员会的意见,除了逗号必须经常使用外,现在只用短划表示相的关系(解释见本书第七章),其余符号,都予以废止。

6. 最大效率原则

根据上述原则编制起来的分类表,就会具有最大的使用效率。

三、类表结构

布立斯认为,人类的知识基本上可分为哲学、科学、历史以及技术和艺术四大门。每门知识,可以对客观事物的全部或一部进行研究,因而都有自己纵深的发展,产生出许多分支学科。如哲学有形而上学、自然哲学、人生哲学、社会哲学、神学等等;科学有物理科学、生物科学、社会科学等等。同时,还可以彼此交叉地进行研究,因而产生出许多横跨的交叉学科。如哲学与科学交叉而产生逻辑和数学等等;科学与历史交叉而产生历史地质学、考古学、社会政治史、经济史等等;科学与工艺交叉而产生各种工程学、工艺学、美术等等。知识分类的任务,就是要把这些纵横交织的学科,安排成一个符合客观自然秩序的体系;而图书分类的任务,则是把这一体系加以调整,使之适合于人们用书的需要。

他把这些学科分配于二十六个大写字母,另外用阿拉伯数字1/9来表示总类和特藏图书。因而从标记符号的角度来看,BC的大类是三十五个。但是其中有些字母包含着几门学科,因此,实际的大类有五十几个。

他先把全部学术的基本门类,根据它们的纵横相互联系,列出一个总谱;然后把它配上符号,改成一个单线的大类表(总表)。现在把 BC 的大类表引用如下:

1/9	总类,特藏
1	阅览室藏书
2	图书馆学、目录学的交替位置
3	专藏
4	专科特藏
5	档案特藏
6	期刊
7	杂著
8	纪念性、地方性或本机关的特藏
9	古旧书或纪念性特藏
A	哲学(宇宙终极性质的研究)
	科学一般、逻辑、数学、统计学(一切知识的"工具"科学)
B	物理学,包括应用物理学与专门物理、工艺学等
C	化学,包括化学工艺、化学工业、矿物学等
D	天文学
	地球科学:地质学和地理学、自然历史
E	生物学,包括古生物学、生物地理学(地球上的生命)
F	植物学、细菌学
G	动物学,包括动物地理学、经济动物学
H	人类学(人的研究)

	物质的
	医学
I	心理学
	社会的
	教育学
	社会学(社会科学的一般性研究)
	专门的社会科学(每门研究社会生活的一个侧面)
	民族学(人种的研究)
	人文地理学(人类的环境)
L	历史:社会的、政治的和经济的(各个社会全面发展的研究),包括地理及钱币学等各种历史辅助科学
M	欧洲
N	美洲
O	澳洲、亚洲、非洲
P	宗教和伦理学(或入 AJ、或用 Z)
Q	社会福利、应用伦理学
R	政治学
S	法学与法律
T	经济和企业组织
U	实用工艺、产业、手工业
V	美术
W	语言学、语言和文学
X	印欧语语言学和文学
Y	英语语言学和文学,文学一般
Z	图书学、目录学、图书馆(或用 2,或入 J)

从上引的表中可以看出 BC 的一些特点。

第一,它的基本大类,在形式上虽然是平列的,但在内容上,体现了从属关系、按专门范围分级关系和按实际效用配置关系。密

172

尔斯称之为,"最有实际效用的"次序。

第二,它不像 DC、EC 等把自然科学和应用科学分为两个绝对的大类,而是像 SC 那样,废去了这两个称号,把某些技术科学同它所从出的基础科学联系在一处,把另一些综合性的列在人类经济活动之后,作为生产的一个方面。

第三,它在大类序列里就列有交替位置,这是一般分类法所没有的。

在大类之下,BC 的细分一般是很细的,但类号却相当短。在每一大类(或几个相关的大类)的类表里,最前面都有一个纲领表,这是了解类目从属关系的依据;然后列出一个简表,再列出详表。现在举"物理学"的简表为例:

物理学分类表

B1 - B9　　按总论复分表分

　　　　普通物理学

B　　　　物理学,初级的

BA　　　普通物理学,系统著作,和理论物理学

BB　　　实验物理学

　　　　力学

BC　　　力学、运动学

BD　　　　动力学、静力学

　　　物质、能与放射

BE　　　物质和能:原子物理学,电力学

BF　　　放射:放射性,波谱学

BG　　　物性,物态,物态的变化

　　　　专门物理学

BH　　　热

BI　　　光

BJ　　　电,静电学

BK　　　　电运动学、电动力学、热电学

BL	磁,电磁
BM	电工艺学和电气工程
BN	专门电工艺学
BO	电讯
BP	声
BQ	流体力学,水力学
BR	水利工程、水利学
BS	空气动力学、气体力学
BT	航空,飞行学
	物理工艺学
BU	物理工艺学,应用物理学一般
BV	机械工程,宜入 UO
BW	动力工程,宜入 UP
BY	海岸工程和航海学,宜入 UN

再从"人类科学"摘录一节详表如下:

H	人类科学
HD	人体:解剖学和生理学
	解剖学
	组织学
HE	生理学(人体的、常态的)
HF	各个器官、系统、肌肉和作用(解剖学和生理学)
HFB	消化系统、消化和营养
HFO	循环系统、血液循环
HFP	心脏
HFPP	肌肉、跳动,脉
HFPV	瓣膜

由此可见,BC 的类号虽短,但是类却分得相当细致。三、四个符号,就可以表示出很小的类了。

BC 有二十二种辅助表(四个通用的,十八个专用的)。有些表不止一种形式,因此实际上共有四十五种不同的辅助表,以适应各种不同的需要。

通用辅助表第一种,用数字 1/9 为标记,叫作"数字复分表",实质上就是它的总类类目表,相当于其它分类表的通用形式复分表。但是其中包括许多表示特藏的符号,而且有很多交替位置,这是其它类表所没有的。这些数字,可以加在任何类的后面。按照布立斯的意见,凡是类号(字母)附有数字的,在排列时,应排在不带数字的相同号码之前,如 B6(物理学期刊)排在 B(普通初级物理学)之前,HS6(外科学杂志)排在 HS(一般外科学)之前。所以称之为前置类。但是他并不坚持这个意见。

通用表二是地区表,适用于一切可以按地区细分的类目。它以小写字母为符号。这是 BC 中唯一用小写字母为标记的表。因此,当它与主类结合时,从符号的形式上就自然同主类号分开,而用不着什么特别标记了。这个表有详略两种形式,例如:

	简表	详表
中国	r	rb
各地区		rc/rr,例如
北京		rp
黄海及沿岸		rr
苏联	n	n
莫斯科		nb

这个地区表,和 UDC 及 CC 的地区表一样,有很严重的政治错误。

通用表三是语言或民族表,适用于按语言或民族区分的类目。它的内容,可以利用语言学类(类号 X 和 W)的子目加以补充。它以逗号带大写字母为标记,加在主类号之后。例如:

,A 古代	,R 俄语(东方斯拉夫人)
,B 古希腊语(古希腊人)	,W 汉语(中国人)

按照布立斯分类法英国委员会的意见,也可以利用第一种通用辅助表中的4(意味着特种专藏)代替逗号。

通用表四是时代表。这个表也以逗号带大写字母为标记,加在主类号之后。例如:

,A 古代

,B 中世纪

,C 近代

,S 二十世纪初期(1901—1914)

,T 第一次世界大战时期(1914—1919)

,U 现代

按照布立斯分类法英国委员会的意见,也可以用通用辅助表中的 3 代替逗号。

至于专用辅助表则各类不同,就不在此一一介绍了。

四、分类实践

利用 BC 类分图书时,首先要明白它的大类的范围。尽管布立斯自己认为他的类目符合科学上和教育上的一致意见,他处理类内关系还是有许多特殊之点的。大体说来,他在类内配置类目时,有时以研究对象为主,有时又以实际便利为主,很难看出什么一贯的原则。例如,对于人体生理学、解剖学、组织学等,在这些标题下面,只收一般性的著作。关于各器官的解剖、组织、研究等,则归入以器官为题的类内。这种以研究对象为主的方式,是同 SC、CC 一脉相通,而和 DC、UDC、LC 不同。可是,在科学与技术的关系上,他虽然把电工归入物理学,化工归入化学;但是农业却不从属于植物学,而归入实用技术;畜牧业不从属于动物学,而从属于农业。摄影的物理学和化学入"化学"(CFP),而摄影艺术入"艺术"(VR),也是理论与应用分开的。在"植物学"内有经济植物学和交替的农业类,而在"动物学"却没有交替的畜牧学类。又如,古动物学归入生物学下的"古生物学",而古植物学则归入"植物学",只在此设交替类目。"牛奶消毒机器的维修"(HHTD),不归入"UC牛奶业",而归入"卫生"(HH);"公共卫生工程"(HIK)入"公共卫生"(HI),而不入"工程"。这些显然又是以用途为主了。所以必须首先熟悉每一个类的范围。为此,分类工作者必须仔细阅读类表前面的导言和许多类目下面的附注。

其次,必须决定交替类目的选用。BC的交替类目和交替处理方式很多。必须在开始采用这个类表的时候,就决定选用哪一种,而在表上划去不用的类或不用的分类方式;决不能临时决定,更不能前后不一致。在选用交替类目和交替方式时,要考虑图书馆的具体任务,使用有关图书的读者的习惯和需要,这类书籍在本馆中的作用,以及图书馆的发展规划等等因素,不能只凭分类员一时的感受。BC的优点之一,就是它的交替类目可以适应各种不同专业的图书馆的需要。但是,如果不善于利用它,也会变成分类混乱的来源。

又其次,应当彻底掌握各种辅助表的使用法。前面已说过四种通用辅助表的使用范围和应用方式。但更重要的是,了解系统辅助表即专用复分表的用法。这种表只能在一个类(大类或二、三级类)的范围内适用。通常是以逗号和一个大写字母为标记的。逗号必须使用,否则类号会发生冲突。例如,辅助表第13是专供各种病使用的。试摘采几目,以说明它的用法:

系统辅助表有:		用在肿瘤类:	
,D	诊断	HPN	新生物,肿瘤
,E	病因	HPN,D	肿瘤的诊断
,N	治疗	HPN,E	肿瘤的病因
,O	专科病院	HPN,N	肿瘤的治疗

如果我们忽略了逗号,把HPN,N写成HPNN,就和"癌"的类号(肿瘤的下位类)HPNN冲突了。但是,有些类里,编者指明是可以省去逗号的,那就可以用辅助表的类号直接加在主类号之后。

辅助号可以利用主表来加以补充。例如,关于"癌的诊断"(HPNN,D)需要细分时,就可以仿照"HPJ 诊断学"进行。比如有"癌的 X 射线诊断"一题,就可先给以类号 HPNN,D,再从 HPJ 下面找出"R 放射线诊断",加在后面而成 HPNN,DR,就完全表达了主题的内容。同样,可以得出"癌的 X 射线治疗"的类号为 HPNN,NWP。顺便指出:在 BC 里,无法确切表示各种癌症,如,"肺癌"、"肝癌"、"胃癌"这些概念。它们只能归入癌,即 HPNN。换句话说,HPNN 不能再按器官分,而在"HR 各种器官病和局部病"类内,又都不能区分专门性质的病种,如癌、结核、寄生虫病等。所以"胃癌的 X 射线诊断"、"肺癌的 X 射线诊断"和"癌的 X 射线诊断"的类号,都是 HPNN,DR。这些病的"放射线治疗"的类号,都是 HPNN,NWP。

有时,同一辅助表之内,可以有两个或更多的概念同时加在一个类号之后,以表示一个主题。例如:"纸化学的科学研究"一题,查"UVP 造纸工业"(属于实用技术,不属于化学工业),适用辅助表第 21。这个表内,有",B 科学研究、实验"和",C 化学的、物理的,或其它的工艺研究"。因此,"纸的化学"是 UVP,C,而"纸化学的科学研究"则是 UVP,C,B。当然,这里产生一个问题,就是为什么我们不用 UVP,B,C 呢? 这样,会集中关于纸的各种科学研究的资料,但不能集中关于纸化学的资料。在这种情形下,BC 正如 UDC 一样,要求分类员从主题意义上来判断使用辅助类号的次序。这当然很容易发生分歧。

现在再用几个例子说明一下:

(1)火星上的温度 类号是 DFM,N。其中"DFM 火星",取自主表;",N 温度",取自专用辅助表 10。

(2)十九世纪德国中等学校的组织 类号为 JNk,N,C。其中"JN 中等教育",取自主表;k 是"德国",取自通用辅助表 2;,N 是"十九世纪",取自通用辅助表 4;,C 是"组织",取自专用辅助

表14。

（3）哥伦比亚大学法学院图书馆阅览统计　类号为 JTL,C7,J。其中 JTL 是"各高等法学院校"，按名称排；,C7 是"哥伦比亚大学"；J 是"图书馆"。这个号不表示"阅览统计"。但是有必要时，我们可以从"Z 图书馆学、目录学、图书馆"类里取"ZNQC 图书馆——出纳工作——出纳统计"的 QC，加在最后面而成 JTL,C7,JQC，以表示全部主题。

（4）战后法国经济的恢复　类号为 TWWfV。其中 TW 是"各国经济"；第二个 W 是按照 TW 下面的注，取自"TVW 国家经济建设"；f 是法国，取自辅助表 2；V 是时代，取自辅助表 4。这个类系是"T 经济——W 各国经济——W 国家经济建设——f 法国——V 第二次世界大战以后"。这个主题应互见于 TVW 经济建设类，它的类号是 TVWfV。其类系是"T 经济——V 经济建设——W 国家经济建设——f 法国——V 第二次世界大战以后"。当然还可以在 TW 类内，先按国家、再按专题和时代分，即"T 经济——W 各国经济——f 法国——，W 国家经济建设——，V 第二次世界大战以后"。其类号就是 TWf,W,V。

（5）纽约州马铃薯市场损耗的统计　类号为 UATBbc,Q,W,5。其中 UATB 是"U 实用技术——A 农业——T 块茎作物——B 马铃薯"，取自主表；bc 是"纽约州"，取自辅助表 2；,Q 是"市场"，,W 是"损耗"，都取自"UT 农业"类的专用辅助表 21a；,5 是"统计"，取自 UT 下面辅助表 1 的补充。

上面例（3），可以看出有些类须按字顺排。字顺号码一般借用克特的著者号码表。例（4）、（5）可以看出，在一个类内可能有几种不同的处理办法。在实际工作中必须择取一种，必要时可以互见。

五、简短的评论

BC 和 CC,是我们研究的七种图书分类法中,仅有的两种注重分类理论的分类法。

但是两者的分类理论有所不同。如前所指出:阮冈纳赞是从解决分类表的无限容纳性问题——即标记制度问题下手的。他是从这一技术问题认识到主题分析的必要,才转到分类理论的研究的。他的着重点在于研究分类体系的结构形式,因而始终是一种形式主义的逻辑上的研究,不能脱离编制技术的范围,不重视分类体系的实质。布立斯则能够注意于分类体系的实质,注意于图书分类和知识分类的关系,注意于大类的设立和次序,明白提出图书分类的实用性和科学性相结合的要求。对于标记制度,布立斯只注重它的序列作用,即如何表示并保持类目的先后次序,而不重视它的表达性。就这些地方说,布立斯的理论是比较深入的,比较能触及根本性问题。

但是 BC 的这一特点没有受到当代人的足够重视。直到目前,绝大多数的图书分类学者,仍然只重视如何找到个别主题,而不重视主题应当组成什么样的系统。密尔斯说:大类次序问题,在目前不像从前那么重要(《现代图书分类法大纲》第 135 页),就反映了这一情况。但是,这一问题如果不受到注意,那么图书分类法就不能正确地解决知识组织问题,就会失去图书分类法的主要作用和教育价值。

图书分类的根本问题是世界观问题。布立斯提出自己所根据的哲学观点,是所谓批判的实在论。这是一种从知识论出发的形而上学。他承认物的存在不依赖于人们对它的认识,而人们的认识可以获得或逐步接近物的本质(《知识的组织》第十章)。这是和唯心主义不同的。但是他在哲学的根本问题上否认物质的第一性,宣称自己不是唯物主义者(同上)。这就是说,他在哲学的根本问题上仍然是站在唯心主义阵营的一边。布立斯关于自然秩序的解释,不是从物质自身的发展——物质运动形态的转化方面立论,而是从认识的作用出发。各门科学的依存关系,不是决定于科学所研究的客观对象之间的相互转化,而决定于它们的规律和方法的应用范围。这就歪曲了客观存在的真相。我们在这本书里,不能仔细讨论这个问题,但是必须指出,他的所谓客观秩序,归根到底,仍然是一种唯心主义的概念。

事实上,所谓科学上和教育上的一致意见,究其实际,不过是文化上的传统习惯而已。现代各门学科的领域,是在各个不同的历史时期,在不同的社会条件下,逐渐地、分别地发展起来的。其间界限不清、领域重叠的地方很多。目前科学的发展,如基础科学日益渗透到技术科学,各种边缘科学(物理化学、化学物理学、生物化学、生物物理学、生物物理化学等等)的产生,经验的技术上升为理论科学,经济组织和技术组织相互的影响,这一切都表明传统的学科领域已经无法维持,而必须根据新的原则,彻底予以改造。这个原则,毫无疑问,应当是恩格斯所指出的科学分类的原则,而绝不是什么科学家和教育家的一致意见。

布立斯坚持图书分类法组织知识的作用,坚持图书分类法必须以知识分类为基础,这是他的正确的一面。但是把这个基础说成是科学家和教育家的一致意见,就仍然不过是接受传统习惯的另一种说法而已。因此,BC同其它图书分类体系的差别,仍然只是组织上和形式上的差别,而不是原则上、本质上的差别。

布立斯指出了分类法的相对性,认为普通的或综合的分类法,必须具有适应各种专门用途的可能性,从而设置了许多交替类目和交替办法。这也是它的一个优点。各门知识之间的关系,正如它们所研究的对象之间的关系一样,是非常复杂的,或者说是多方面的。当图书分类表把这种多方面关系化成单线组织时,不可避免地具有片面性。如果要把一定组织形式的分类体系作为唯一正确的体系,必然不能满足某些方面的要求。如果一定要这样做,就等于否定其它要求的合理性。这既是不符合客观实际,也是行不通的。只有设立交替类目,才能正确解决通用分类法和专门分类法之间的关系,才能为分类法的统一提供基础。当然,BC 里的交替类目和交替办法是否合理,是否正确,还是需要讨论的。但这并不等于怀疑或否认设立交替类目的合理性。

BC 虽然有好些合理因素,但它也有许多缺点。

首先,它的编类标准不够明确。前面已经提到它在处理所谓科技合一问题上不一致的地方。此外,各国地志既然归入各国历史,而游记却归入地球科学中的自然地理;文学一般,文学概论(文艺理论、文艺批评一般等),列在英语文学(类号 Y)之后,违反了从一般到特殊的原则。由于编类标准不够明确,实际归类时,有许多主题,如不利用索引,便不容易准确断定应入什么大类。

其次,号码分配不够合理。如历史一类占去四个字母,而内容丰富复杂的实用技术类,只占一个字母,以致许多类都不能细分。有时竟求助于按类名的字顺排列,如“UW 各种制造业”类;有时为了缩短号码,竟致打乱了类目次序,如英语文学类内,把后于莎士比亚的“雅各宾文学”配以类号 YEU,而给“莎士比亚”以 YF,使在前的反居于后。甚至,有时因为在一个类列里字母不够用,竟违反自己所定的原则,而使用 &、%、$ 等符号,作为扩充类号的手段,如农业类有“UAN& 阳光”、“UAN% 雹”、“UAU& 核桃”等,不伦不类,竟有些杂凑成篇了。

最后应该指出,由于编者的资产阶级立场,类目体系是资产阶级世界观的体现,是为资产阶级服务的。如把宗教看作一个道德问题,与伦理学合为一大类,正是资产阶级宗教观的一种体现,和马克思主义者把宗教看作麻醉人民的鸦片不相容。此外,正如我们所研究的这些资产阶级图书分类法一样,BC 的哲学类内,没有辩证唯物主义和唯物辩证法;共产主义被看作是社会改良论,而与法西斯主义、无政府主义并列;经济类的结构,完全以资本主义社会的经济结构为基础;政治类内没有阶级、阶级斗争和无产阶级专政。所有这一切都说明,这个分类法的思想体系是和马列主义世界观背道而驰的。地区表内,缅甸、巴基斯坦、尼泊尔、不丹、锡金都作为印度的省区。交趾支那半岛也是五地并列,保存法国统治时的原状。这一切错误都和 CC 相同。关于中国部分,地理表中虽然把西藏、新疆列在中国领土之内,但是历史类中,"0I 中国史地"类内却没有这两个地区,而列入"中亚史地"(OLQ—OLS,OLT—OLY)。这都显示出他的资产阶级立场。

总起来说,布立斯在分类理论上虽然有一些创见,但是从根本上说,他还是错误的。BC 的体系,虽然比其它分类法较为接近于现代科学的实际,但仍然受着传统的思想束缚。标记虽然简短,但规律不够严整。他的资产阶级立场使他不能够看见真理。这就是为什么 BC 以及一切资产阶级的图书分类法,都不能有真正合理的科学的体系的基本原因。

第九章　最近的趋势

　　近十年来,资本主义国家的图书分类法起了很大的变化。杜威以来的分类法传统,受到了根本性的冲击,在图书分类的目的、作用、基本原则以及体系上,都遭到了来自不同方面的批评。编制新分类法的呼声日益增长。在科学技术日益专业化的情况下,出现了许多新式的专业图书分类法。关于图书分类基本理论的探讨性著作日益增多。图书分类法的重要性得到了学术界的普遍重视。学术杂志上、科学会议上经常有讨论图书分类法的论文或报告,甚至出现了一些专门以研究分类法为任务的学术团体和国际会议。

　　现在就来看看西方图书分类法当前的趋势。

　　科学技术的急剧发展和科学技术情报工作的勃兴,引起现行分类法的必须根本改造和新型分类法的产生,以及图书分类新理论的提出,是当前欧美图书分类法中的显著特征。

一、科学技术的发展和科学情报工作的勃兴对图书分类法提出的新课题

　　现代的科学技术,特别是在第二次世界大战以后,有了飞跃的发展,使得它的面貌,同二十世纪初年有了极大的不同,更不用说同十九世纪相比了。这不仅导致了科学技术文献的大量产生和科学技术工作者用书方式的改变,而且对科学之间的分野和相互关

系,也有了与从前大不相同的看法。如我国著名科学家钱学森同志所指出:"现代科学技术特点之一是分工细、专业多。光说某一位科学工作者是数学家还不足以明确他的专业,必须进一步说清楚他是数论工作者还是代数工作者,是几何学家还是拓扑学家,是泛函分析专家还是微分方程专家。……不但在一门学科里分支越来越多,越来越细,而且又不断出现老学科之间,不完全属于一门老学科的边缘学科,如化学物理、地球化学、生物物理、物理力学、天文物理、地质力学等。有人说现代自然科学和工程技术专业的数目不是几十个,亦不是几百个,而是几千个,这是有道理的。为什么分的这么细? 这是由于人们对自然界的认识逐渐深化。"(《科学技术的组织管理工作》,《红旗》,1963 年 22 期,19—20 页)

与此同时,科学技术文献的内容也就越来越专门化,研究的题目越来越专深。科技文献的出版速度越来越快,数量越来越大,形式越来越多样化。科学技术工作者怎样才可以迅速而准确地获得他们所需用的资料,就成了很大的问题。

这样就从图书馆的书目参考工作中发展出了科学技术情报工作(或称文献工作)。科学技术情报工作的重要内容之一,就是要将这些内容专门、形式多样而增长速度又极快的大量文献组织起来,以便迅速而准确查得所需要的资料。正如钱学森同志所指出:"……科学技术研究和研制中的情报资料……包括图书、期刊、学术会议的论文、各国政府的出版物、研究单位的各类研究报告和技术报告、各类学位论文、各级标准资料、专利文献、产品目录和广告、报刊的片段报导等","都是科学研究和实验中不可缺少的。""今天由于科学技术活动的空前活跃,科学技术情报资料的积聚是非常迅速的……。如何使这么大量的文献及时地与科学技术人员见面,是个繁重的工作。而且一件资料包含的内容往往不是一个简单的标题,它有几个方面,因此,会有人从不同角度出发来看这份资料。如何使他们都能各自沿着自己的思路找到它,这是资

料检索工作中的大问题。"（同上文，第24页）

钱学森同志所指出的问题是一个非常迫切的现实问题。它不能不深刻地影响到图书分类法。首先，科学技术内容的日益丰富，科学研究工作的日益趋向专门化，科学技术著作内容的日益专深，以及科学技术资料的迅速积累和多样化，不能不使科学技术工作者在用书要求上起着深刻的变化；而用书要求的变化，就必然要影响到对图书分类的要求。在古代学术分化不深的时候，一本书往往可以概括一门学问的全部内容，一位学者往往可以读完一门学问的全部书籍。因此，所有图书只要粗分大类，就可以满足读者寻找资料的要求。十六、七世纪以来，学术分化日渐加著，各门科学逐渐成立，专门杂志也逐步产生。但是直到十九世纪初期，一位专门学者还差不多能读完他所研究的学科的全部著作。人们所需用的资料主要也还是整本的书籍。十九世纪学术开始进一步专门化，科学杂志大量地、迅速地发展。许多著作已不是概括一门学科的综合论述，而是其中一个专题的研究。检索资料的人们日渐趋向于特指性的专题论文。这就产生了以 DC 开始的一系列现代图书分类法。同时，还出现了许多杂志论文索引，专题书目也开始收录杂志论文。这些索引和书目，有很大一部分是需要分类的，因此就要求分类法日趋细密。十九世纪后期所产生的分类法都主张细密的分类，而且不断加以修订扩充，就是适应这种需要的。二次世界大战后，新知识的出现越来越快，科学家们需要的资料，不仅不限于一部整本的书，而且也不限于整篇的论文，而往往是一次实验或调查的报告，一件产品的工艺过程、规格和图纸，或者是文献中的某一章、某一节、某一段，甚至是其中的某一数据、某一公式、某一定义、某一原理、某一论断等等。图书分类的对象已经不能限于一部书的整个内容，甚至也不能限于一篇论文、一件科学报告、一件技术档案的整个内容；它必须要能把一小段文字所提供的知识、所阐述的论点、所运用的概念，安排到分类体系中来。

另一方面,随着人们认识的深入,事物间普遍联系的发现越来越多,各门学科的互相渗透、互相交叉也越来越深,越来越复杂。因此,一件资料、一篇文献同时构成几门科学的内容,往往对许多方面的科学研究工作者都有用处,不能把它限制在一门传统的学科领域之内。分类法必须使它能为各种不同需要的人所找到;必须"使他们都能各自沿着自己的思路找到它"。

因此,按照现代科学技术的要求,图书资料的分类法必须做到:

(1)适应各个专业的需要,集中各专业的图书资料,不管专门化的程度是多么深;

(2)高度的细密分类,能够揭露任何狭窄细小的专门问题,从而适应科学技术研究工作者的分工要求;

(3)多方面反映一件资料,使得从不同角度出发寻找资料的人都能找到它;

(4)迅速及时地反映新出现的问题;

(5)既能便于细小专题的特指性检索,也能便于系统地进行族性检索;

(6)能够把边缘科学位置在适当的地方,并能准备边缘科学的出现;

(7)正确反映各类资料的出版形式。

如何达到上列的目的,就是现代科学技术对分类法提出的新课题。

二、传统分类法的修订和新型分类法的创造

十九世纪后期和二十世纪初期所产生的分类法,显然已经不能满足上述的要求。这样,便在第二次世界大战以后出现了传统

分类法的积极修订和新型分类法的开始创造。

关于传统分类法的修订工作,在本书前面介绍各种分类法时已经分别谈过,这里就不再去重复了。事实上,旧分类法的修订工作都有一个几乎无法克服的困难,这就是原来的体系结构与科学技术中新趋势的矛盾。分类法当前的问题不仅是类目不够详细的问题,而且是原来的体系结构不能和现在的知识结构相适应的问题。传统的分类法几乎都以传统的学科领域作为结构的支柱,而这种结构已经成为表达现代科学内容的桎梏;但是要彻底改变原有的结构,就等于重新另编一种分类表,而且还必然引起已经长期使用某种分类法的人大规模改编图书的困难。因此,一切修订的工作就陷在这个矛盾之中。DC 第十五版的经验,和 UDC 的修订类表的方针,都可以证明这一点。

为了避免传统的分类法的缺点,许多人都在开始研究分类法的基本理论,极力寻求一个新的基础来建立满足新要求的分类法。许多国家都有人从事于这项工作,而以英国伦敦的分类法研究小组为最活跃。

伦敦分类法研究小组 (The Classification Research Group,简称 CRG) 成立于 1952 年 2 月。先是英国皇家学会于 1948 年举行的科学情报会议上,决定成立一个分类法研究委员会,从事科学技术文献分类法的研究。这个委员会经过两年多的讨论,认为这个问题远比当初所预料的复杂,决定邀请图书馆学家参加继续研究。这样就产生了研究小组。

研究小组完全是一个私人的业余志愿组织。成员都是实际从事图书馆工作或文献工作的专家。其中以柯茨、法拉典、法斯克提、凯尔、密尔斯、鲍默尔、维克利、威尔斯等人最为活跃。他们不仅积极参与小组的工作,并且还写了很多文章和专著,提出了许多新的见解。

小组是一个研究、讨论和交换意见的组织,没有预先规定的共同纲领。小组经常是每月开会一次。十年来他们举行了百多次会议。在讨论中逐渐形成了一些共同的看法。这些看法不仅发表在小组的正式文件里,也表现在成员们——特别是上述几人的著作里。但是在另外一些问题上,小组成员也还保持着不同的个人见解。

小组的共同意见,初次发表在1955年向英国图书馆协会及联合国教育、科学、文化组织提出的一件备忘录里。这件备忘录以《需要以分面分类法作为一切资料检索方法的基础》为题。它肯定了分面分类法是今后编制分类法的路向。它认为分类是一种概念协调工作(Coordination of concepts)。分类法的效率在于,把文献所表达的概念或观念组配起来之后,使得研究工作者提出来据以进行查找资料的那一系列概念,能够同图书馆或情报系统所用以组织和表达文献的那一系列定型的概念彼此符合。备忘录指出,现在流行的几种综合性分类法,没有一种能够适应这种要求。因为它们都具有如下的缺点:

(1)分类表不够详细;

(2)修订扩充都太慢;

(3)对于主题的正确位置,各表往往彼此分歧;

(4)许多的类只是一堆内容不纯而关系又薄弱的项目;

(5)对于出现在一类以上的主题的处理方式,不能令人满意;

(6)对于同现在知识的关系不明确的现象,不能立即予以安置;

(7)由新现象产生的或由已有的知识门类中发展出来的新知识门类,不能立即予以安置;

(8)主题之间的关系常常遭到歪曲;

(9)类表体系只是一种硬性规定的通向硬性集合起来的项目的纵横交错的路线;

(10)标记制度也往往是复杂的,令人迷惑的,和难以记忆的。

备忘录指出,其所以产生这些缺点的原因主要有两个:

第一,这些分类法在划分一个类的子目时并没有按照逻辑的要求———一度划分只用一个单纯的标准。因此产了许多性质不纯的,即不能真正互相排斥的同列类。

第二,更重要的是,传统的分类法总是企图建立一个等级式或谱系式的系统,一颗"知识树"。但是谱系式的分类体系只能体现主题间的种属关系,而文献中所表达的概念关系经常是多方面的。现代的资料检索工作要求能够把各种各样的关系都表达出来。因此需要另一类型的类表。

这种新型的类表应该准许一个主题(母项)可以用一个以上的特征分别进行划分,从而产生出几组性质纯粹的同位属类(子项)。例如:化学类可以分别用物质、物态、反应、操作和属性这五项特征分别直接进行划分,从而得出五组性质纯粹的子目。然后用它们之间的互相配合来表达种种文献的主题。这样的类表只能是分面式的分类表。

显而易见,小组是接受了阮冈纳赞的分面分析学说。事实上,小组的基本思想就是阮冈纳赞关于点、面、相的学说。小组所说的新型分类法就是阮冈纳赞所主张的分析兼综合式亦即分面式的分类法。

备忘录还提出了关于分类法标记制度的一些意见。它认为,在系统的分类表里,标记的作用有下列几种:

(1)指示类目的位置;

(2)固定资料的排架位置;

(3)表示类目之间的系统关系;

(4)表示主题的各个侧面,包括着一门学科与另一门学科之间的关系。

备忘录认为,BC 和 LC 的标记可以做到(1)、(2)两点;DC 可以做到(1)、(2)、(3)三点;而 CC 则可以做到全部四点。换句话说,就是小组同意阮冈纳赞的分面标记法,但是不同意 CC 所用的分面符号。

它还认为,标记制度的重要准则第一是简短,第二是符号的顺序要显明,第三要能在类列或类系内任何地方插进必要的新类或新面,而不妨碍原有的任何次序。备忘录认为,现有各分类表的标记没有一个能圆满达到这些要求,因此要重新设计。

这个备忘录就这样为小组的工作定下了方向。

这一年,小组还向在布鲁塞尔举行的图书馆和文献工作中心会议提出了维克利所写的《当前图书分类法的趋势》的报告,再次肯定分面分类法是当前的发展方向。根据这一报告,国际文献工作联盟联合英国专门图书馆和情报所协会及联合国教育、科学、文化组织,于 1957 年在英国道尔金地方召开了"资料检索工作分类法国际讨论会",并由英国专门图书馆和情报所协会出版了它的《会议录》。

这次会议围绕四个中心问题展开了讨论:(1)如何在一个指定的学科领域内进行划分,(2)如何确定各门学科之间的关系和联系,(3)标记制度,(4)分类法与机器检索的关系。会议还向 1958 年 11 月在华盛顿召开的"科学情报工作国际会议"提出了它们的"结论和建议"。1959 年又参加了在克利夫兰举行的"翻译机器标准语言国际会议",讨论了分类法对创立国际翻译用的标准语言的关系。

在这一阶段内,小组着重讨论了如何编制专业图书分类法的问题。一些成员还编制了好多种专业图书分类表,如土壤学、食品工业、原子反应堆、教育学、音乐、社会科学、图书馆学等等,以实践来检验他们的理论。根据他们的经验,由维克利执笔写成《分面分类法:专业图书分类表编制和使用指南》一书,于 1960 年出版。这本书总结了小组成员们编制专业分类法的经验,对于了解分面分类法的编制技术有很大用处。

道尔金会议以后,小组的注意力转向了研究综合性图书分类法的编制问题。关于这个问题,小组作为一个集体还没有发表什么共同的意见。最近几年讨论得很热烈,成员们发表了好些文章。他们争论的问题是(1)要不要一个普通图书分类法?(2)普通分类法同专业分类法有什么关系?(3)怎样编制普通分类法,等等。

除了伦敦的分类法研究小组以外,曼彻斯特也在近年组织了一个同名小组。美国和加拿大最近也联合组织了一个"分类法问题研究小组"(The Classification Study Research Group),但还没有看到他们的集体意见。在印度的德里,阮冈纳赞一直和他的学生们组织着一个"分类法研究会"(The Classification Research Circle),积极地研究《冒号分类法》的发展,他们的成果经常发表在印度图书馆协会出版的学报上。此外,国际文献工作联盟除了设立分类法中心委员会和 UDC 编辑委员会及其在各国的分委员会以外,还设立了一个"分类法一般理论委员会"(Committee on General Theory of Classification),其办事处设在丹麦的哥本哈根。由此可见,图书分类法的研究越来越得到普遍的注意了。

现在把小组成员们所编的专业图书分类法以维克利的《土壤学文献分类表》为例,摘引几段如下。

这是最早编成的新型分类法之一。它首先将土壤学所有的概念分别归纳成八个范畴,也就是八个面,用数字为标记:

9	种类	5	土壤中的过程
8	结构	4	对土壤的加工
7	成分	3	实验技术
6	性质	1	一般性概念

每面之内,所有的概念按各种特征组成亚面,用小写字母为标记,例如:

9　种类

　　f　　按地带分

g	按起源分（再按岩石或矿物表分）
h	按气候分
hb	寒带
hd	温带
i	亚热带及热带
ib	铁矾土
id	赤褐土
if	黄褐土

4 加工

b	调查	……		
d	排水	r	对改良材料的操作
f	灌溉	rd	积肥
m	改良	rh	分级
n	改良用材料〔肥料〕	rk	施用
nb	无机物	rn	方法
nc	氮	rs	数量
nd	氮化物	ru	时间
		等等。		

它还使用两种符号。（1）/号（斜直），用以表示"关系"，特别是"影响"关系。这有两种用法：（a）两面之间的关系，如6S/4f碱性对灌溉的关系；（b）同面内的关系，如5ib/j蒸发对水分渗透的影响。（2）—号（短横），用以连接同一面内的不同类之间的联系，如4nc—rs施用氮肥的数量，9if4nd—rs在黄褐土上施用硫酸铵的数量。

当然，这个表还可以有形式、地区和时代的共同复分面（亚面）。

上面所引的这个表是相当典型的。其他人所编的表形式上稍有不同，但原则是一致的。例如，法斯克提所编的"容器制造学分类表"，以大写字母作为分面（范畴）符号，以小写字母作为项（词）

的符号。等等,就不细说了。

此外,其它许多专业图书馆或资料室也编有专业用的新型分类表。例如,美国冶金学会和专业图书馆协会共同编制的《冶金学文献分类表》就是一个例子。这个表把冶金学所有概念分为工艺过程和原料两大面以及一个普通概念面。它也是一个组配式分类表。它的标记制度还特别适用于穿孔卡片。

这些表都是从一门专业的角度来编制的,但是可以表明这种新型分类表的一些特点:

(1)都采用组配原则。

(2)都放弃谱系式的形式,采用分面的形式。

(3)都放弃标记的等级性,力图号码简短。绝大多数倾向于用顺序制字母符号作为基本的标记符号,只在特殊场合使用数字。有些表还适用于机械检索。

(4)都采用分面标记法。

法斯克提说:"旧式分类表和新式分类表的主要不同之点就是,在前者,我们选取一些抽象的知识门类或学科,差不多完全凭着一种以种属关系为基础的方法,试图逐个列出它们可能包含的内容;而在后者,则首先考察有关一定题目的文献,将其中的所有名词归纳为范畴或面。""今天的分类法,或者像法国人所爱说的编码法,意味着使用一套定型的符号来作为标明主题及主题间关系之用。"这就清楚地表示出两种分类表的差别。

但是也该指出:希图保持旧传统的人也不是没有。例如,美国的弗利蒙·赖德就在1962年出版了他的《国际分类法》。这个分类法的全名是《图书馆图书排架用的国际分类法》。这个书名就明白表示了它的倾向。赖德主张回复到1876年的简单明了的分类体系。他认为分类法有两种:一是为编制小册子、杂志论文等等的目录之用的,可以复杂些;另一种是为处理图书排架之用的,只要简明概括就够了。他的《国际分类法》就是后一类。他认为排架号码应当力求简短。他以大写字母为标记,基本上仍采用等级制,但所有号码都不超过三位。大类体系大体上和 LC 相似,但类的划分则多半沿袭 DC。它采取完全列举的方式,甚至放弃了 DC 的总论复分表和仿分的方式。这部分类法的全文还未见到,但从几篇书评看来,它的保守性是很明显的。

三、分类法理论问题的探讨

当前图书分类的研究中另一突出的表现是关于分类法基本理论问题的探讨。

西方的图书分类法,正如中国的一样,已有很悠久的历史。但是直到上世纪快结束的时候,还是处在经验知识的阶段,只是一些实际从事图书工作的人,根据实际需要,定出这样或那样的类目,编成这样或那样的体系,写出这样或那样的说明。在一个漫长的时期内,没有人总结这些经验,提出图书分类的规律——基本原则和方法论。图书分类法一直停留在经验知识的阶段上,一直被人认为是"法",是"技巧",而不是理性知识。没有"理论",不是"学"。

当然,分类作为思维活动的一种形式,在西方,早在希腊时代就已为学者所注意。它一直是形式逻辑的一个课题。亚里斯多德关于分类的逻辑学说一直是后世的逻辑家的依据。但是直到1901 年李查生才在他的演讲中初次把逻辑同图书分类法结合起来。1913 年谢尔斯才在他所著《图书分类法概论》里系统地用形式逻辑的分类理论来说明图书分类体系的结构。他特别着重于类目的种属关系和等级系统,并由此产生了图书分类准则、标记制度理论和图书分类(归类)规则。五十年来,阐述图书分类法的人基本上都遵从着这条路子。

但是二十世纪以来,由于科学技术的发展,传统的分类法日益暴露出严重的缺点,传统的分类逻辑已不能指导分类的实践。图书分类学者日益感觉到,在寻求新分类法的过程中,对分类法的根本问题,诸如类目体系的基础,立类的标准,如何划分类的内容,如何排列类目的次序等等,都有重新探讨的必要。这就产生了一系列的新的学说和研究,发展了图书分类法的理论,充实了图书分类学的内容。

在这方面的著作,较早的文献,除谢尔斯的《图书分类法导论》、《图书分类法手册》和《图书分类准则》外,有李查生的《分类法》(1901年),赫尔姆的《图书分类原理》(1912年),布拉德费尔德的《分类法的哲学》(1946年)和布立斯的《知识组织和科学体系》(1929年)、《图书馆内的知识组织》(1933年)等。近几年来,以阮冈纳赞的《图书分类的哲学》和《图书分类法导论》,戴哥里的《基本范畴的研究》,麦特考夫的《资料索引法和主题编目法:字顺的、分类的、坐标的、机械的四种方法平议》和《图书文献的主题分类法和索引法》,维克利的《自然科学文献的分类法和索引法》,法斯克提的《社会科学文献的分类法和索引法》,鲍默尔的《它本身就是一种教育》以及前面提到的伦敦分类法研究小组的《备忘录》和《分面分类法》等为最有系统。密尔斯的《现代图书馆图书分类法》是一本教科书,其前半系统地阐述了新的理论。此外,还有许多论文。

现在根据一些最近的专著和论文,把他们讨论的主要问题,叙述如次:

1. 综合性分类法的可能性及其与专业性分类法的关系问题

我们在前面所研究的都是包括一切知识部门的综合性分类法。当然,自二十世纪开始前后已经产生了许多专业图书分类法。它们起初各自为政,互不相干;近来,由于科学研究的高度分工,专业分类法越来越多。许多企业机关的资料室或科学情报室,也编有各自的专业分类法。伦敦分类法研究小组也首先从事编制专业分类法的研究。由于各专业之间存在着相互依赖、相互渗透的现象,不能没有一个共同基础,于是产生了专业分类法与综合性分类法的关系问题。

有些专业文献分类工作者认为,综合性分类法不过是专业性分类法的总和。它的编制应当等待到各门各业都有了分类法之后。有些人认为,综合性分类法的编制是不必要的,因为综合的体系不能符合专业的观点,或者是不可能的,因为复杂的知识关系,不可能用一个依一条单线组织起来的体系表示出来。但是伦敦小组和另外一些分类学者如法国的戴哥里、孔狄涅等则认为,综合性分类法是必要的,而且是能够编制的。因为综合性分类法是综合性图书馆和国家书目所需用的,而且还可以为编制专业性分类法提供材料。

但是由于现行的综合性分类法不能满足现代科学技术资料检索的要求,所以必须重新编制。这里的主要问题是怎样避免现行各种分类法的缺点,使之能适应迅速发展并且日益变得错综复杂的知识领域。因此,对分类法编制技术的研究、分类法的方法论,就被提到日程上来了。前面已经指出,阮冈纳赞近年来的研究几乎都在这一方面。最近维克利和法斯克提在其著作中都有关于怎样编制综合性分类法的讨论。他们都主张把编制专门分类法的经验用到综合性分类法上来。

按照他们的意见,综合性分类表的编制不应像过去那样,从一个假定的知识整体出发,建立一棵"知识树",而应当彻底采用分面的原则,实行范畴化。先将每门知识领域内所有的最基本的、最简单的概念列举出来,而后把这些概念归纳成几个范畴。他们把这些概念叫做项或词(即阮冈纳赞所说的"孤立点"),把项归纳为几个类,叫做范畴化;把归纳时所用的特征或标准叫做范畴。还要把范畴转变成面。在一个面内的项有时可以有各自的殊异面。这样就在每一门知识领域之下有几系列的面和项。最后,对面和项配以成套的标记,订出运用的规则。这样就可构成一个总的综合分类表。

维克利曾将这种编制方法分成八个步骤:

(1)划定一门学科领域的范围。这就是围绕着"事物"(自然界的物体、有机体、人造的产品或者人的思想)来建立主题领域,或者说学科领域。但是仅仅举出一种事物还不能就规定一个学科领域。任何事物都对其它的事物具有无数的关系(它们的种种性质、过程、操作、行为、活动)。从这无数关系中选取其一部分或全部来加以研究和认识,才会构成一个专门的学科领域。而每门学科领域都可成为一个专业分类法的题目。

(2)列出每门学科领域内所有的项(或词),并将它们归纳为几个范畴。

(3)把同一范畴内的项排成有用的次序。这个次序必须要表示出项与项之间的种属关系,以及同一个种项之下各同位属项之间的关系。传统的逻辑方法在这一步可以发挥应有的作用。

(4)规定各范畴之间的关系。这就是规定范畴的组配次序,以表达一个复合的主题。也就是在表示一个复合主题时,其各个成分的次序的公式化。因为复合主题的组成因素经常不属于一个范畴,如果范畴之间没有固定的次序,则按其因素给号时会产生混乱。

(5)把范畴组织成为面。一个范畴可能构成一个面,几个范畴也可构成一个面。面与范畴的数目不一定相等。这样就完成一门学科领域的分面分析。

(6)调整各门学科领域之间的关系。这一步骤要解决两个问题。第一是对一切或几个学科领域之间有时有一列共同的项如何处理的问题。例如:"物质"的名称和次序在化学和矿物学之内是否该相同,"动物"的名称和次序在动物学和畜牧学之内是否该相同,等等。第二是对领域之间可能发生的关系,即所谓相关关系如何表示的问题。

(7)建立按照上述过程划定的学科领域同传统的学科之间的关系。按照上述办法建立起来的学科领域同传统的学科的领域往往不能相当。读者习惯于按传统学科的范围来查阅资料,因此必须把两者协调起来,以便某些读者的检索。

(8)配给这样建立起来的体系以一套标记。

维克利认为前五个步骤是编制一个学科领域的分类表的步骤,即编制专业性分类表的步骤。第六、第七两步则是编制综合性分类表时所必须的。至于第八步当然是不管在专业性分类表或是综合性分类表,都是最后的一步。他对这八个步骤有详细的解释。法斯克提亦有大体相同的说法。这里都不详细征引了。

按照这种说法,综合性分类表是许多专业分类表经过调整而综合起来的。法斯克提说:"所有的综合性分类表都是许多专业分类表的综合。"这种说法也是和传统有矛盾的。按照传统的说法,专业性分类法是从局部知识的观点出发,而综合性分类法则从全部知识的观点出发。观点不同,类目的隶属关系也就不同。二者究竟谁是谁非,还有待于进一步的研究。

2. 基本大类问题

基本大类是编制综合性分类法必须解决的一个首要问题。传统的分类法,不管是列举式的 DC、EC、UDC 和 LC,或是组配式的 SC、BC 和 CC,也不管它们对于大类的设立和次序有什么样的解释,都是以传统的课程科目或其组合作为基本大类的。他们把整个知识领域首先区分为这些科目。但是这些科目在目前看来,第一,已经互相渗透,不能维持清晰的界线;第二,内容复杂,不能认为是单纯的类。维克利说:"这种使用通行的、内容复杂的、互相重叠的学校'科目'作为基本大类的方式,对我说来,是不能满意的。必须寻找一种能把知识划分为较单纯的学科领域的新基础。"

怎样建立这些大类？它们都是些什么呢？看来有两种说法。

（1）结集层次论（Theory of integrative levels），如法斯克提和维克利所主张的。这本是十九世纪末期所产生而在二十世纪前半期发展起来的一种资产阶级自然哲学，有人称之谓"层化论"。在自然科学和社会科学领域内都有持这种见解的人。按照这种说法，世界上一切东西、一切事物（具体的生物和无生物，人们的思想），都在从简单向复杂发展。这个过程是一个逐渐互相结合、逐渐积累新的属性的过程。当这个过程达到一定程度时，原来的事物的性质就发生突变，而成为一个具有完全新的特性的整体，作为一个新事物而存在于世界。它的性质、活动完全不同于原来的事物。如果把它还原成原来的成分，它就会失去这些新特性而失去自己的存在。不过那些成分还可以按其原来的性质继续存在并继续活动。例如：氢的原子和氧的原子结集而成水，但水的性质不同于氢或氧。个人结集而成社团、民族和国家，但这些集体的性质不同于组成它的那些个别的人。由此可见，一种新的关系、新的特性产生了，这种新关系使原来的各因素的集合体转变成一个密切结合着的新整体，进行着作为其特征的新活动。新整体并不等于其成分的总和。如果这种关系被破坏了，它的成分虽然还可能在其原有阶层上继续存在，但是这个整体却在自己的阶层上停止存在了。在世界发展过程中曾出现了几度大的突变，因而世界上的事物就可以依其结集的程度分为几个阶层。这就是结集层次论的基本内容。

法斯克提首先认为这种说法可以作为图书分类的一般基础。因为每一阶层或其中每一事物都可能成为人们认识的对象、研究的主题，从而产生大量的文献。因此，文献便可以按其所论述的事物予以分类。而世界事物的结集过程的轮廓，就可以成为组织图书分类表的基础。他提出一个结集层次的大纲如下：

200

基本粒子(现在所知的最简单、最小的物)→原子→分子
→物质→无机物（矿物、地壳、地面、行星、星球、银
河、其它天体等等）

有机物（大分子、超晶体、细胞）

植物

动物→

人→智力（语言、文学、艺术、哲学、宗教等等人文科学
的领域）

群体（家庭、社会、企业组织、民族、国家、国际
组织等等所谓社会科学的领域）

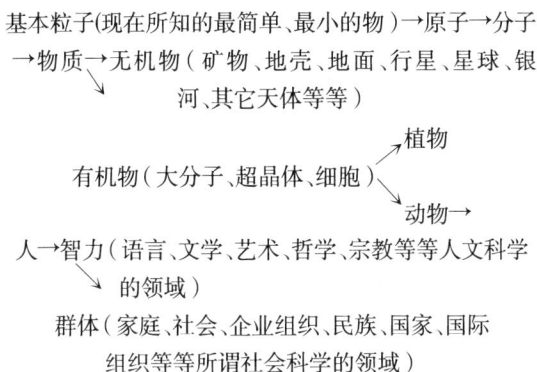

维克利有同样的意见,拟出了一个更详细的表格式大纲,载于他的《自然科学文献分类法和索引法》内。

克劳斯莱(C. A. Cvossley)归纳了这些人的意见,认为可能将一切事物归入十个基本范畴,即(1)基本粒子,(2)原子核,(3)原子,(4)分子,(5)分子结合体,(6)细胞,(7)有机体,(8)人,(9)人类社会,(10)人的智力的、想象的和艺术的产品。一切传统学科大体上可以配入这些范畴。

按照这种意见,图书分类是以事物分类为基础的。先把事物按结集层次组成一个系统,然后以每件事物为题目把有关的文献资料集中起来。这很像我国古代类书组织资料的方法。

当然,以上所讲还不过是几个人的意见。但是据说,伦敦分类法小组现在正从事一种综合性分类法的拟订,大概就是根据这样的原则。也许不久就能见到这种成果。

应该指出,结集层次论在一定意义上是有唯物主义的观点的。维克利、法斯克提和戴哥里在其著作中引用了恩格斯的《自然辩证法》,但是他们没有认识到恩格斯的基本思想是物质运动形态的转化,是运动着的物质的质的飞跃,是物质内在矛盾的发展,因而他们把发展看作组成因素的量的积累,所以陷入了形而上学的

机械唯物论。

（2）对传统学科的重新解释，如鲍默尔。鲍默尔在其最近的著作中，对法斯克提的主张提出了怀疑。他说："作为一种哲学的理念，这种说法是能吸引人的，但是我非常怀疑它的实践性。"他问，这样按结集层次排列起来的一张表，"归根结底，比起布朗企图在事物的进化次序上，即在具体东西上而不在学科上建立它的体系来，究竟前进了多少呢？"他认为，法斯克提等人的想法有一个错误的根源：他们以为每个概念，不管在什么上下文里，都可以单独地被认识出来。比如："茶杯"、"茶壶"、"饮茶"、"沏茶"、"茶叶"等概念中，"茶"这个概念是同一的、不变的，都可以单独地被辨认出来，而"杯"、"壶"、"饮"、"沏"等等，则是规定"茶"在这些词中的特殊意义的上下文。鲍默尔认为这种想法是错误的，是把标记上的问题当作"观念"上的问题。

于是鲍默尔提出了自己的看法，他把基本大类看作人们的活动的类别。他认为，经验证明，世界上任何一个或一组物体都可以成为文献的主题。但是在主题能成为主题之前，必然有人对它进行了某种活动。所谓活动，就是"人对于一件或一组事物所持有的态度或对它的动作（不管是物质的、思想的或精神的）"。这样动作产生出来的果实就是点滴的知识。这种点滴知识被写进文献里就是主题。所以"形成图书主题的那个点滴的知识，看来是从人的活动产生的"。"既然一切的知识点滴都是人的活动的结果，而从事相似活动的人之间，比起从事不相似活动的人来，又是有许多共同的地方的。所以，如果就所涉及的活动来研究我们的问题（基本大类问题），似乎是合理的。"他举例说：那种观察的、分析的和分类的活动，当用于岩石的时候，产生了"岩石学"，但是也可用于其它的物体，如用于物质就产生了"化学"，用于有机体就产生了"生物学"，等等。假如把围绕着这个观察的、分析的和分类的活动的那些点滴知识归纳在一处，就得出一组知识，而总称之为

"科学"。又如,我们把由于探讨自然界内容以谋求人们物质福利的那些活动所产生的各种知识集中在一处,就可以得出大体相当于杜威的实用技术的一组科学。如此等等。在活动中所产生的知识有些被写到书里,而成为主题。因此,可以把这些主题分别列在这些大组的下面。把这些组主题组织成一定次序之后,就成为一个分类表,而"以活动为基础的那些大组就是基本大类"。"知识的基本大类不是事物本性所固有的,它们只是为了帮助我们控制图书产品而设计的一种方便法门而已。"

这样,鲍默尔在绕了一个大弯子之后,仍然回到以传统学科为基本大类的路子上来。其唯一差别,就是他对这些大类的涵义作了新的唯心主义的解释。

应该指出,鲍默尔并没有能够驳倒废除传统大类——不是任何大类——的人的主张。现代知识之所以复杂,资料检索之所以困难,正是因为传统学科限制不了主题的范围,它们往往牵涉几门学科也就是要用几种不同的"活动"或"态度"去研究一件事物,因而每一门学科或每一种"活动",都有权主张把某一主题归入自己名下。组配派所致力解决的问题之一正是这一点。把传统学科解释成为人们的研究活动并不能解决这个问题。

应该指出:鲍默尔对法斯克提等人提出的问题,是一个具有哲学意义的问题。这是西方哲学界中自苏格拉底以来就发生的关于概念的本质问题,其中包括着普遍概念的真实性、普遍概念和具体事物的关系,以及关系的内在性和外在性等一系列本体论和认识论上的问题。这正是唯物主义和唯心主义论争的焦点。鲍默尔指出法斯克提等人的形而上学的思想方法、把概念从一个主题里孤立地拿出来,这是有道理的。可是他自己却采取了唯心主义的解释,以为大类就是人们主观的产物——人们的活动、态度和处理这些活动的权宜方式——从而陷入更深的泥沼。当然,鲍默尔是没有能力解决这问题的,因为只有依据马克思列宁主义的唯物辩证法对概念做深入细致的研究,才有可能得到正确的解决。

3. 分类体系的客观性质问题

图书分类法的大类及其次序是不是具有客观存在的根据,这是图书分类法一个根本性问题。分类法能不能统一以及如何统一,在很大程度上取决于对这问题的答案。但是在图书分类史上,这一问题直到现在才开始成为明确的争论对象。在此以前只有很少的人曾讨论到它。

很多图书分类学者,表面上根本不愿触及这个问题。DC、EC、UDC 和 LC 的编者们都是这样。他们以为分类法只是处理图书的一种实际手段,用不着去讨论这种哲学性质的问题。这是一种庸俗的实用主义态度。我们在前面已经指出,这种实用主义是一种唯心主义,也就是主观主义。事实上,凡是抱有实用主义观点的人都不可避免地要陷入唯心主义。他们都自觉或不自觉地根据主观原则来划分知识。阮冈纳赞可以算是这一派最突出的代表。前面已经指出,他的形而上学形式主义的分类逻辑同他的神秘主义的知识论结合起来,产生了图书分类上的绝对相对主义。按照他的说法,类目次序是没有什么正确不正确之分的。他在道尔金会议上宣布,类目次序只能根据经验,而不能根据客观的原则,因为没有这种客观原则。这不啻对图书分类法的否定! 这是实用主义的逻辑的结论。

美国的希拉是另一个在分类问题上持有主观主义的人。他在道尔金会议上说:"分类法是人所发明的,而不是人所发现的。"分类是人在实际生活中造出来的类集事物的方式,是实用的手段,而不是事物本身固有的关系。分类体系不能有客观基础,它将依人们一时的观点而有所不同。作为图书馆的分类法的素材的,不是图书或图书的主题——它们的研究对象,而是概念和概念的结构形式。概念有其结构形式,而这种形式乃是由我们的认识过程所决定的。知识是由概念构成的,所以知识是由认识过程所决定的结构形式。当人们检索资料时,所寻找的就是"禁锢"在书籍里的这种知识,即著作人的思想结构形式。如果检索的人的心理结构形式同著作人的相符合,就可以检到所需的资料。但是"由于人们认识活动的结构形式各有不同,所以不可能有一种适合一切场合的通用分类体系"。"一个具体图书馆适用的分类法的结构形式是以(1)藏书数量,(2)图书特征,(3)有关的学科领域的思想结构形式和(4)使用的人的思想结构形式为条件的。"在希拉看来,分类体系应当因地、因时、因人、因学科而有所不同。这样,他企图否定通用的综合性分类法,而实际上就否定了一切分类法。这是唯心主义导致否定分类法的又一例。

鲍默尔把传统的学科解释为人们对事物的活动,也可以认为是用主观原则来分类的一种主张。上节已经引用了他的话,这里不再重复。

布立斯的体系自称为建立于自然主义的知识观之上,看来好像有背离唯心主义的倾向。但是他以为,"科学上和教育上的一致意见"就是自然秩序的反映。而正如布拉德费尔德所指出,这完全是一个唯心主义的概念。因为,这种"一致"只能表示"愿意承认这种次序的正确性的人的思想一致",但是科学之间的关系不是决定于科学家们对事物间关系的想法,而是"决定于事物的可知概念的性质和关系",也就是取决于科学家们所研究的外界实在的性质。因此,布立斯归根结底还是站在唯心主义一边的。

另外一些人则多少接受了十八世纪以来唯物主义思想的传统,把它应用到图书分类上。这种人在图书分类史上是不多的。1901 年,李查生提出"科学的次序就是物的次序"的主张。他说:"分类就是把相同的物放在一处。……物,作为分类的主题,就是任何一件可以单独存在的东西。至于它的实质是物质、或是运动、或是精神,是没有关系的。物包括着造人的东西(自然界和环境)和人造的东西。……思想也是实实在在的物,要求在物的序列里占一个位置。因此,物就包括着自然界、思想和工艺品。"然后,他概括地叙述了由离子(当时所知道的最微小的物)结集而成原子,以至逐步达到人类社会的各种层次。这就是李查生所说的物的次序,也就是科学所应据以建立次序的客观基础。他说:"科学离开了它与之打交道的物或事实,就没有东西了。要规定一门科学就一定要规定它所与之打交道的事实。"人的思想,只有在它是外界实在的、真实的和完全的印象时才能有意义。"只有外界才是一切寻找次序的工作的出发点和不移的因素"。因此,他着重指出,把分类看成是主题的分类而不是事物的分类,是"一个理论上和实践上深刻的错误,导致无休止的混乱"。显然,李查生在这里是同他同时的杜威、克特等人有很大区别的,而同目前的结集层次论有相同之处。

在此以后,只有布朗的思想比较接近于李查生。而实用主义的思想则风靡一时。最近,维克利在研究了科学分类的发展史以后,才再次得出了"科学的次序就是物的次序"的结论,重新肯定了李查生的主张。他赞叹李查生"对科学分类的唯物主义观的这个明白肯定,即使在今天,也还像他在半个世纪以前写作时那样,是非常需要的。现代图书分类法里填塞了大量的事实细节,一定不要使我们看不见这样的事实:它们的结构建立在主观的划分原则上的实在太多了。"他在道尔金会议上驳希拉的时候指出:"类集的方式也许是主观的,但是只有那种符合客观外界的类集方式才能是最有用的。"这就为类目体系提出了客观的根据和准则。

由此可见,唯物主义和唯心主义这一哲学上的根本矛盾,在图书分类法上也是有其表现的。

4. 关于标记制度的理论

现代图书分类理论的另一特点,是把标记制度从一个纯粹的实际措施提高到理论上、提高到学术上来进行研究。首先是谢尔斯。他总结了杜威、克特、布朗以及 LC、UDC 的编号经验,提出了标记在分类法上的作用、特征、准则等等,使得一个本来是技巧问题的问题,有了一定的理论基础,给以后编制分类法的人提供了指导。

随后,阮冈纳赞和布立斯从不同角度研究这个问题,提出了各自的看法。

近年由于资料检索工作的发展,原来的各种标记制度已经不能满足现代的检索要求,特别是机械检索的要求。对标记制度的进一步研究就日益受到注意。其中英国的柯茨、维克利,法国的戴哥里、孔狄涅,以及其他一些人,都有专门论述这问题的著作。

关于这方面的讨论,主要有标记的易记性、简短性、表达性和扩充性等问题。

(1)易记性问题 易记性和简短性是两个互相联系但又有区别的问题。容易记忆的号码当然是最短的号码,所以简短性是易记性的主要要求。但是并非只要简短就容易记,还有别的条件。首先是标记符号本身要有一望而知的自然次序。一切人为规定的符号顺序,如我国的"天地玄黄"、" ± 、+ ++ ";UDC 的 + 、√、:、(0…)、(…)、(= …)、" "、.O 、—;CC 的,、;、:、.、'、—等等,都必须再学再记,所以都不如字母和数字。数字和字母是只要识字的人(在用拼音文字的国家)都自小就会的。从这点说,标记符号只宜于采用字母或数字。第二,是符号的种类问题。一般地说,单纯号码比混合号码易记(在位数相同时)。但是据柯茨的研究,在号码变长的条件下,混合号码反而有时更利于记忆。但是种类如果太多,或本身无固定先后的标点符号,如 CC 的标记,也是更难以记忆的。总的说来,字母与数字的混合号码,如果编制得法,是比较易于记忆的。但是其中也会发生字母与数字谁先谁后的问题(例如.333A 和.3331)。这其间没有自然的次序,而必须人为地规定,这就和第一点要求有一定的矛盾了。总之,易记性要求号码:A 本身有固定的顺序,B 要简短,C 要清楚,D 易读,E 种类不要复杂。

戴哥里和孔狄涅则认为,最易记忆的标记是能读出来的音节符号。因此他们主张以母音和子音拼成音节作为类号。戴哥里甚至以为,这种符号应当是不管哪一种文字的国家都能读出来的音节。因此,他设计了一套以 A、E、L、O、U 五个元音和几个许多民族同有的子音拼成单音节的符号。即使一个类用两三个音节,他们认为还是比传统方式易于记忆。这是一个新尝试,用者不多。法斯克提曾用这方法编制“社会开发问题专业文献分类法”的符号。但是布立斯早就指出,这种方式有时会造成很可笑的类号,如英文中 Cat(猫)、Dog(狗)、God(上帝)、you(你)之类。此外,在我们使用单音节语言的民族看来,这种办法等于替一个类另起名字,听起来反而会和自然语言相混。所以这种办法是不容易行得通的。

(2)简短性问题　上面已指出,简短性是易记性的条件之一。简短也才便于排架。近年来的分类学家都要求号码要简短。布立斯认为不应超过四个符号;赖德认为不应超过三个;柯茨、维克利、法斯克提、戴哥里等人也都主张简短。

标记的简短性基于两个条件。A 符号基数的大小。基数越大,则组合的数目也越大,因而可供利用的短号码也越多。例如,用阿拉伯数字,则两位的号码只有 100 个;如用 26 个英文字母,则两位号码可以有 676 个。B 分配的匀度。分配均匀则号码可以比较短些。顺序制在这方面比等级制要容易达到目的。

号码的长度和匀度是可以计算出来的。柯茨曾提出四个数学公式。但是这种计算法要求先知道类目的总数。而在实际工作中,这是无法知道确数的。柯茨的算法只能作为编制分类表时分配号码的一种估计,这里就不介绍了。

(3)表达性问题　表达性指的是号码能够表示类表的结构——类在类目体系中的相对位置。无论是等级式的类表或分面式的类表,都可配备表达性的号码。这种号码能够表示一个类目的从属关系。从号码形式上可以判断两个或几个类目之间的关系。它具有反映类表结构的特点。因此,也可称之为结构型标记制度,即标记本身有一定的结构形式。由于这一特点,许多人都欢喜它,认为它清楚明白,容易理解、容易记忆,并且便于检索资料。谢尔斯和阮冈纳赞特别重视表达性。阮冈纳赞力图做到 CC 的标记既能表示类目的面的结构,还能表示主题——不管它多么复杂——的每一个组成概念。如果说,DC 是等级制表达性标记的典型,那么,CC 就是分面制表达性标记的典型。

但是表达性的标记有严重的缺点:它妨碍了简短性。

为什么妨碍了简短性? 首先,它做不到符号均匀分配。它必须照顾到体系结构,但任何体系,不管是等级式或者分面式,都不能保证每度划分出来的一列类目的数目都恰恰同符号基数相等(例如,用数字作为符号时,做不到每次划分都产生十个同列类)。因此,在某些类里就必然有闲着不用的符号,而另一些类里就必然要使用较长的号码来解决同位类数目大于符号基数的类列。此外,分类愈深入,类系愈长,则等级制标记必然愈长,即使有短号码也不能用。主题愈复杂,牵涉的方面愈多,则分面制标记也必然愈长。这一切都同简短性发生矛盾。

(4)扩充性问题 扩充性,也就是容纳性,是分类标记最重要的要求。我们知道,标记是为分类体系服务的,体系决定标记。但是不管什么样的体系,一经配有一套标记之后,体系的变动就受到标记制度的限制。没有标记的分类表是可以自由扩充、调动的。有了标记,就只能在标记制度许可的范围内扩充、调动了。标记有固定类目位置的作用。标记的必要性在这一点;它的最大缺点也在这一点。因为随着知识的发展,新类目的增加是不可避免的。但是许多分类法恰恰正是由于它的标记难以扩充或无法扩充而导致臃肿失灵或僵死。要使一个分类法能长期地适应学术的发展,那就必须使标记具有最大可能的扩充性。图书分类标记法的历史基本上是一部追求最大可能的扩充性的历史。

按照现在一些分类学家的意见，为了适应新主题出现的各种不同的情况，并把新主题安置在恰当的地位，标记制度必须做到：

A 任何类系能够无限制地继续细分；

B 任何类列能够无限制地增加同位类目，这包括：

（a）在类列的末尾增加新同位类，

（b）在类列的开头增加新同位类，

（c）在相邻两类之间插进应加的新同位类；

C 在任何类与其上位类（如 BA 与 B）之间能够插入中间的新上位类；

D 任何两类的前面能够插入一个包括这两类的新类，如 A 分为 B、C、D、E 之后，要能插入一个包括 C、D 或 D、E 的新类。

E 任何相邻两类（如 C 和 D）之间能够插入前一类（C）的细分，这包括：

（a）C 同其它面内项目构成的复合主题，

（b）C 本身的复分，

（c）C 类发现的应列在已有各面之前的新面，

（d）C 类发现的应列在已有各面之后的新面，

（e）C 类发现的应插进已有各面之间的新面。

这些要求是从科学发展的过程产生出来的，只有满足了这些要求，标记制度才能完全达到任意扩充的地步，实现无限容纳性。

传统的表达性标记法不能满足上列所有的要求。杜威的小数原则只能满足 A；在同列类不足九个的条件下可以满足 B（a），而不能满足其它要求。否则就要破坏等级性，失去正确的表达性。阮冈纳赞增加了八分法以满足 B（a），分面标记法（包括相关系）以满足 E（a）和 E（b），但是不能满足其它要求。而且分面标记法必须使用分面符号。阮冈纳赞的分面符号的次序是硬性规定的，不容易记忆,种类又复杂,不醒目。如果改用数字或字母作分面标记,也不能满足要求。

为了达到标记的充分扩充性,柯茨提出了非表达性的即不反映类表结构的顺序制标记法,称之为非结构型标记法。这就是将所有符号依次一对一地配给所有的类目,是一种纯粹的顺序制。用数字时,一律作为小数;用字母时,依字母的缀合次序。他说,只有这样的顺序制才能完全满足上列要求。比如我们用 A 表示一个类,用 B、C、D 表示它的三个下位类,那么,任何两个符号之间插入其它符号的可能性都是无限的。如 B 和 C 之间有插入 BA、BAA—BZ…BZZ 的可能。在这里 BA 以至 BZZ 都不意味着必然是 B 的下位类,而只是应当位置于 B 和 C 之间的类而已。如果出现了一个包括 B、C 的新概括类,就可以 AZ 或 AZZ 为标记。如果在 A 和 C 之间应插入一个 C 的新上位类,也可以用 BZ 之类的符号为标记。如此等等。

柯茨认为,使用顺序号时还可采用回归式标记法。他认为这样就可废除分面符号。按照这种办法,就是在分配号码时将号码基数分成几段,每段分给一个面。只要规定在后的面可以依在前的面复分,那末,当复合号码之内出现了一个应列在第一个符号之前的符号时,就可以知道这是一个按在前的面复分的复合主题。而如果复合号码内出现一个应列在第一个符号之后的号码时,就可知道这意味着本类的直接下位类(单主题)了。

柯茨曾举了一个例,现摘录如下:

k	独奏	} 这是音乐的一个面,演奏面。
l	合奏	
n	器乐	
P	管乐	
Po	长笛	} 这是另一个面,器乐面。
Pp	单簧管	
Pg	双簧管	

这样,管乐按器乐复分时,从 N(器乐面开始的符号)后一个符号开始,所以长笛是 po。按演奏面复分时,就用演奏面各项目的符号,所以,管乐独奏就是 pk,管乐合奏就是 pl;双簧管独奏是 pgk,合奏就是 pgl。这样,就可以不用分面符号而各面分明。

按照标记的符号次序排列起来,在分类目录和书架上就出现了这样的秩序:关于独奏的书,关于合奏的书,关于器乐一般的书,关于器乐独奏的书,关于器乐合奏的书,关于管乐一般的书,关于管乐独奏的书,关于管乐合奏的书,关于长笛乐一般的书,关于长笛独奏的书,关于长笛合奏的书等等,体现了从一般到具体的原则,也实现了分面原则。柯茨曾用这种方法为英国音乐协会图书馆编了一部分类目录。

柯茨的意见,得到伦敦分类法研究小组的赞同。但要全面解决标记制度的问题还有待于将来不断的实践和创造。

总起来说,关于标记问题的争论还没有得到解决。容纳性似乎成为对现代标记制度的最主要要求。而表达性问题似乎是解决问题的关键。柯茨一派为了争取容纳性而主张采取顺序制,放弃表达性,这样也就达到简短性和易记性。阮冈纳赞一派则坚持表达性,企图在此基础上解决容纳性问题,事实上放弃了简短性和易记性。分面标记法也似乎是大家所同意的,但如何标记也还有不同意见。至于符号种类,这些外国分类学家大致趋向于单纯字母制或字母与数字混合制,其它种类的符号则愈少用愈好。但是这些问题要得到解决或得到比较一致的结沦,还有待于进一步的细致研究。

以上所说综合性与专业性分类法的关系、基本大类如何建立、分类体系是主观的还是客观的以及应当怎样标记,是当前分类法理论研究中最常见的问题,都还没有得到解决。当然还有其它的问题,这里就不细说了。

第十章　结束语

在前面,我们分别叙述了西方曾经流行或现在仍然流行的七种分类法的发展和内容,也简单地谈到了当前的动态。现在就总起来谈谈它们的共同特点和存在的问题,作为本书的结束。

一、首先,这些分类法都是资本主义社会进入帝国主义阶段时期的产物。它们的体系不管怎样分歧,都是资产阶级世界观的表现,都是从资产阶级的立场、观点来观察问题、处理问题的。这特别表现在它们的组织原则上以及处理有关阶级和阶级斗争,有关社会主义和社会主义革命,有关殖民地和殖民政策,有关民族和民族革命运动等重大问题上。UDC、CC 和 BC 的地理区分表特别显著地反映出了帝国主义和殖民主义时代的看法。由此可见,图书分类法,总是为一定的阶级利益服务的,总是有一定的阶级立场和一定的政治倾向的。那些把图书分类看作是与政治无关的所谓纯学术问题的想法,显然是错误的。

二、这些分类法虽然体系各殊,标记互异,但都是从这种或那种实用主义出发的。DC、LC、UDC 明白地说明了这个意图。EC、SC 和 BC 虽然提出了类目体系的科学性要求,但是在解决体系内部的矛盾时,也是从实用主义的观点出发的。CC 甚至以标记制度来作为衡量分类法的唯一的最后的标准。这种实用主义的观点突出表现在三个方面。第一,重视技术方法,轻视理论基础;第二,重视集中关于具体事物的资料,轻视事物系统的组织关系;第三,重

213

视分类法检索特定主题的作用,忽视分类法的系统化作用。这些特点在我们所研究的分类法里都有不同程度的存在。当然,图书分类法必须具有实用价值,而且它也是由于实践的需要才产生出来的。但是不能让实用成为主宰,因为实用是从属于具体的目的的,而具体的目的则是因人、因地、因时而不同的。以实用作为唯一目的,结果必然导致否定普遍的即客观性的分类体系,否认普通分类法的可能,而走上主观主义、绝对相对主义或虚无主义。西方分类法的最近趋势已经暴露出这种征象。

三、这些分类法的体系不是唯心论的,就是机械唯物论的,而机械唯物论归根到底还是一种唯心论。唯心论是资产阶级的世界观和方法论,也是实用主义者的哲学基础。他们把知识只看作是心理活动,而不认识它是客观事物在人们头脑里的反映,因此,只从心理作用方面来划分知识。在近代自从培根依据这样原则提出三分法的知识体系以来,在图书分类法方面产生了很大影响。DC、UDC 当然是显著的例子。就是 EC,从而也就是 LC,也被人认为是从倒装培根法中发展出来的(例如谢尔斯)。BC 虽然自称是自然主义,但我们已指出它的唯心主义本质。CC 则更是由其唯心主义——神秘主义出发。最近有少数分类学家似乎倾向于唯物主义。但是他们却把每个概念也即是事物孤立起来,看作独立的单元;他们的思想方法也是形而上学的;他们的唯物主义是机械主义的。因此,不管哪种看法,结果当然不能反映客观事物内部的和外部的相互联系、相互转化、相互依存的实际,因而也就不能满足知识的要求,也就丧失其实用价值。

四、这些分类法都是以学科作为组织纲领的。它们都以当时高等学校的课程科目(专业、系、科)和科学研究机关的研究领域作为其体系的素材,首先企图把这些学科组成一个合理的、便于实用的系统,然后按照传统的内容,力图把一切书籍的主题都分别归属到这些科目里去。除 SC 外,它们的目的都想达到每一学科的内容的完整性和系统性。在这个意义上来说,它们都是以当时的"科学上和教育上的一致意见"为基础的。它们的差别只是在怎样组织上和一些主题的隶属上。除 SC 和 CC 以外,所有分类法都企图用列举的方式详尽地列出一切的主题。他们希望每一主题有一个固定的类号。这在各门学科的分工比较清楚、内容比较单纯的十九世纪是能够在一定程度上符合客观情况的。所以在初期产生的 DC、EC、LC 能够受到较大的欢迎。因为图书馆的读者总是按照这些学科的分野来寻找资料的。但是随着科学和技术的发展,学科之间的交叉现象日益复杂,它们的界限日渐模糊。这样,按学科领域来区分主题就成为日益困难的事情,而且也不便于读者的查寻了。晚出的 BC 设立了大量的交替类目,就是学科界限不固定的一种反映。近年来维克利、法斯克提等人改造基本大类的主张,更是这一趋势的明白反映。事实上,SC 的编者早就意识到这一情况。他虽然以学科作为组织纲领,但并不按照学科领域来区分主题。就这一点来说,SC 已经开创了打破学科界限的趋势,但是直到近年,这种趋势才成为显明。目前要不要以学科作为基本大类是关于编制普通分类法的研究中争论很多的先决问题之一。

五、这些分类表既然都以学科分类为纲领,就必然要随着知识的发展而发展。知识的发展大体上可以说有五个方面:(1)深入,即一门知识的研究越来越细致。在以前许多没有得到注意的现象和问题都成为它的研究对象,丰富了它的内容。例如,由原子的研究产生出电子和原子核的研究,更由此产生出基本粒子研究。反映在分类法上,就是类的子目越来越细,类系越来越长。这是最常见的发展形式。(2)分化,或者说专门化,即由一个学科内产生出另外一些专门的分支学科,如在物理学中产生出固体物理学、半导体物理学,在生物学中产生出生物化学、宇宙生物学等等。反映在分类法上就是要在原有的类下面设立新类(新侧面),或添设与原来的类并列的类。这也是一种比较常见的发展形式。(3)统一，或者说扩大，即原来独立的几门科学，由于后来发现它们之间有统一的规律，而产生出一门更为一般化的科学来概括它们。例如，植物学和动物学很早就是两门独立的科学，但是直到十九世纪末期才发展出统一这两门科学的生物学。反映在分类法上，就要在原来类目之上设立一个可以包容它们的新上位类。这在新编分类表的时候，还不难办到。但在已经定型的表上往往成为很大的困难。(4)融合，或者说渗透，即由于一门科学运用了另一门科学方法而产生出的新科学。这有大类与大类之间的渗透，如已经出现多年的生物化学、物理化学及近年出现的生物物理学、化学物理学、生物物理化学等。还有同一大类之内各分支部门之间的渗透，如解剖学与生理学结合而产生解剖生理学，儿童心理学与异常心理学而产生异常儿童心理学等等。这是近年来常见的一种趋势。这就要求在分类表上适当的地方增设新类。但是对多数分类表来说，是很困难的。(5)综合，这就是运用好几门科学知识来对一种物质或一种社会现象进行全面的综合研究。这种研究的结果往往会产生出一门以有关物质或问题为中心的专门学科。如对原子核的研究产生了核物理、核化学、核技术，对半导体的研究产生了半导体物理、半导体化学、半导体技术等等新学问。一方面有各种专门性质的著作，另一方面也有综合这些专门研究的系统的著作。这种情况在目前的分类法上是很不容易处理的。如果把专门著作按其学科性质分入个别的类，综合性的著作就无类可归了。如果设一个综合性的核子学或半导体学之类的类来容纳一切关于核子或半导体的综合性和专门性的著作，那么，这个类安置在什么地方，怎样表示它同各门基础科学的联系都是不容易解决的问题。这种情况在过去就已经是常见的现象，现在则更为常见。而且这种综合研究的重要性越来越大，这种性质的著作也越来越多。在很长一个时期内，大多数分类法都把这种综合性著作放在一个特定的门类之内,如关于原子核的全面研究放在化学或物理学的原子核类,关于牛的全面研究,放在动物学或畜牧学的牛类之内等等。在以学科为根本的组织原则下,严格说来,这是不符合逻辑的。所以这个问题的实质就是图书分类究竟是应当以学科为纲还是应当以事物为纲的问题。这就动摇了以学科为纲的古老传统。

分类法必须照顾到这五个方面的发展。而这五个方面又往往是错综交织的。分类表结构适应这种复杂情况的能力越强,它长期存在的可能性就越大。CC的理论之所以受到很多人欢迎,就是因为它比较能适应这种要求。但是现在已定型的分类表,包括CC在内,由于它们的体系结构和标记制度都有不同程度的局限,在适应不同的知识发展方向而增加新类方面,都有不同程度的困难,因此,不能完全满足现代科学研究的需要。这是目前对已有的分类法普遍感到不满意的重要原因。

六、在这几十年间,图书分类法的用途也在发生着变化。在DC产生以前,分类法的主要作用在于组织分类目录。DC的出现使分类法既可用于组织目录,也可用于排列图书,才把编目和排架统一了起来。但是恰恰就在DC产生的同时,美国图书馆界特别是在克特影响之下,放弃了分类目录,而采用了辞典式目录。这就使得分类法成为只供排架之用的工具。EC和LC都是专为图书排架而编制的分类法。美国国会图书馆的这项措施,由于它的地位,更加强了这一趋势。几十年来在美国只有少数几个大图书馆有分类目录。甚至DC第十五版的编者们也放弃了杜威的主张而迁就这种趋势。我们知道,目录和排架对分类法的要求是有些不同的。排架要求类号简短,而类目的划分则可以简略些。目录则要求类目详尽,系统分明,而类号不妨长些。由于这一原因,在西方国家中就一直有所谓"图书馆的图书分类法"和"书目的图书分类法"的区别,仿佛两者有很大的差异。赖德在最近还坚持这一主张。这当然是很不合理的。但是在这样形势下,也就一方面出现了一些只为编制书目而不考虑排架要求的图书分类法。如UDC 就是原来只为编目而编制的。另一方面,习惯于主题目录的人越来越重视标题法而轻视分类法。这样就出现了专为排架之用的分类法,而把检索主题的任务完全归之于标题法。当前一些谈机器检索的人也只从标题法出发,甚至否认系统分类的作用。如美国的陶布(Taube,M.),柏利(Perry)、穆尔斯(mooemooers)等人都多少有这种想法。

但是在欧洲的情况却与美国有所不同。分类目录在欧洲一直是图书馆的主要目录,主题的检索一直是通过分类目录来进行的。由于科学研究工作的日益深入,因而对分类法反映主题的深度的要求也越来越高,就是说,分类必须越来越细。分面分类法或多元分类法,因此应运而生。当前分类法的任务是既要能表达任何狭窄的主题,也要能表达它们之间错综复杂的关系;既要便于特性主题的检索,也要便于族性检索;既要扩大检索能力,也要加强系统化作用。但是在目前有些人似乎只重视分类法检索专指性主题的作用,而忽视了它的知识系统化的作用。杜威学说中的消极因素——分类法就是索引法——得到了发展。分类表似乎要变成一张带号码的索引词表或主题表。他们似乎认为只要能够通过一定的号码找到一定的主题就够了,分类法的系统性似乎可以不管的。如果是这样,怎能有效地进行系统检索呢?

由此可见,排架与编目,特指性检索和系统化——究竟分类法的作用在哪里,还是一个没有解决的问题。

七、标记制度的研究是西方现代图书分类学者所热心从事的一个问题。自从杜威采用类号表示类名以来,没有一个现代图书分类法曾经放弃这个原则。这是解决分类法实用性的关键之一,但是问题并没有完全解决。

在杜威以前的分类标记都是顺序制,其作用仅在于规定类目的前后次序。杜威第一次采用等级制,使分类标记成为表达类目体系结构的符号。但是 EC、LC、BC、都不完全遵守这一要求,它们都以简短性为标记的基本条件,只在一、二级类目保持一定的表达性。SC 则完全采用顺序制,连大类的符号都不固定。只有 UDC 和 CC 保持着杜威的传统。目前有些人,在全面研究了各种标记系统之后,又倾向于采用顺序制。因此,等级制和顺序制,是目前标记制度中的主要争论。

标记制度中最重要的问题是无限容纳性问题,也就是要能适应知识的任何方面的发展。杜威以为他的小数制解决了这个问题,但是阮冈纳赞证明了它不能。阮冈纳赞提出了分面标记法,认为可以解决这个问题,但是柯兹和鲍默尔证明了它不能。柯兹和鲍默尔认为根本问题在于杜威和阮冈纳赞都要求号码有表达性,如果放弃等级制而完全采用顺序制,就可以达到目的。这就回到了布朗的道路上了。为了解决无限扩充的问题,看来就必须放弃等级制即表达性。

还须指出:分析兼综合的标记也是一种表达性。这种方式也不能完全解决主题的集中检索问题。试以 UDC 为例。现在有下面三个题目:

胃癌的 X 射线诊断　　616.33—006.6—073.75
肺癌的 X 射线诊断　　616.24—006.6—073.75
胃溃疡的 X 射线诊断　616.33—002.44—073.75

这样的类号只能集中胃病的资料,而不能集中癌症和 X 射线诊断的资料。需要这两个问题的资料的人除非翻遍 616 临床类的所有卡片是无法查全所需资料的。而且这三个类号还无法反映在癌症(616—006.6)和诊断学(616—07)这两类内,除非改用关系号来代替专用复分号。但是那样类号就变得十分冗长了。CC 的标记也有同样缺点。由此可见,分面标记法虽然可以表示各个主题的内容,虽然便于表达新出的主题,但并不能完全集中关于一切主题的全部资料。我们不要过高估计它的作用。这是由于标记的单向

（直线）形式所决定的。单向排列使我们无法从中挑出第二个概念及以后各概念的类号。因此不得不借助于主题索引。如何可以通过一次标记而能在需要时检出其中任何一个概念（主题）还有待于解决（有些机械检索系统有此可能，因不在本书范围内，所以不谈）。

归根到底，标记问题首先是要解决无限容纳性问题。这也就是解决图书分类法的单线性和知识发展的多面性之间的矛盾问题，或者说，分类表的内容和形式之间的矛盾问题。在这基础上才能解决表达性和简短性的矛盾问题。然后在这两个问题的答案的基础上解决标记符号的种类问题。大概说来，这就是近百年来标记制度的发展和研究所提供的经验。

八、总起来说，近百年来，在西方，图书分类法是有很大的发展的。它们对于资产阶级图书馆事业的发展有很大的帮助。这些分类表的先后出现还为总结经验提供了丰富资料，促使图书分类的研究日益深入。图书分类法从一种实用的技能逐渐提高到一门有理论有方法的科学。图书分类的理论从一种具体分类表的说明逐渐成为分类规律的探讨。图书分类体系的建立也从仅凭实地摸索的经验性工作逐渐走向先明确原则而后从事编制的科学性工作。目前，比起杜威那时，关于分类法的理论知识和实际经验，已经丰富得很多了。

但是应该看到，现在西方的图书分类法正处在一个大动荡的时代。到处都出现改造旧分类法和创编新分类法的要求，出现了许多新的主张和新的学说。有些人，如阮冈纳赞，沿着麦维尔·杜威的实用主义传统，想抛开类目体系的哲学基础，专从编制技术上去求解决。但是阮冈纳赞的技术理论越来越陷入玄虚繁琐的形而上学，而在对待类目体系这个实质问题上竟走上了虚无主义，而且自己的类目体系还是建立在唯心论的哲学基础上。另一些人，如赖德则在反对阮冈纳赞的烦琐方法下，企图返回杜威和克特的原出发点,拒绝了几十年的发展成绩。更有一些人,如维克利、法斯克提则在基本上接受阮冈纳赞方法论的同时,力图建立一种体系理论,乞灵于机械唯物论。虽然说法很多,但是对于图书分类法的根本问题,如知识的性质及其组织原则,分类体系的客观性和主观性,综合观点和专业观点的关系,检索作用和系统化的关系等等或者避而不谈,或者不是陷入各种唯心论,就是陷入机械唯物论。因此,近年来西方的图书分类法虽然在编制技术方面积累了不少的经验,但对于分类法的实质问题却找不到出路。这当然是同这些分类学家的阶级本质分不开的。他们都是资产阶级的学者,他们是从资产阶级的立场看待一切问题的。由于阶级立场的局限,由于世界观和思想方法的局限,他们是不可能正确解决图书分类的根本性问题的。但是只有解决了根本性问题,才能正确地运用各种编制技术为分类法有效地服务。

图书分类法的根本问题是区分科学研究领域问题。毛泽东主席在《矛盾论》里指示我们说:"科学研究的区分,就是根据科学对象所具有的特殊的矛盾性。因此,对于某一现象的领域所特有的某一种矛盾的研究,就构成某一门科学的对象。……固然,如果不认识矛盾的普遍性,就无从发现事物运动发展的普遍的原因或普遍的根据;但是如果不研究矛盾的特殊性,就无从确定一事物不同于他事物的特殊的本质,就无从发现事物运动发展的特殊的原因或特殊的根据,也就无从辨别事物,无从区分科学研究的领域。"(《毛泽东选集》,第一卷,第284页)

由此可见,要完全正确解决图书分类法问题,只有在马克思列宁主义认识论的基础上,在毛主席思想的指导下,运用辩证唯物论和唯物辩证法,对知识的本质,它的发展过程,各门科学的研究对象和相互关系,各种著作物表达其主题的方式方法,读者检索资料的要求等等实质性问题,以及对分类的逻辑,类表结构法则,编排技术,标记制度等等方法论问题,进行深入的调查、研究、分析之后,才有可能。这是一项长期的艰巨的工作,我们应当全力以赴。

　　我国是一个社会主义国家,必须要有以马克思列宁主义为指导的图书分类法。目前,我们正像其它社会主义国家图书馆里一样,正在从事于这项工作。我们的图书分类法将与资产阶级的图书分类法有本质的差别。对于资产阶级的图书分类法,我们必须在马克思列宁主义的指导下,站在无产阶级的立场上,衡量它们,批判它们,并在有需要时吸取它们的有用之处。盲目追随当然是错误的;熟视无睹也是不对的。我们这本书在这方面做得很差,我们还要继续研究。